Robotic Process Automation (RPA) in der Logistik

Jan Krakau • Carsten Feldmann

Robotic Process Automation (RPA) in der Logistik

Vorgehensmodell zur Implementierung und Erfolgsfaktoren

Jan Krakau
HÖVELER HOLZMANN
CONSULTING GmbH
Düsseldorf, Deutschland

Carsten Feldmann
Fachhochschule Münster
Münster, Deutschland

ISBN 978-3-658-41010-0   ISBN 978-3-658-41011-7 (eBook)
https://doi.org/10.1007/978-3-658-41011-7

Die Deutsche Nationalbibliothek verzeichnet diese Publikation in der Deutschen Nationalbibliografie; detaillierte bibliografische Daten sind im Internet über http://dnb.d-nb.de abrufbar.

Springer Gabler
© Der/die Herausgeber bzw. der/die Autor(en), exklusiv lizenziert an Springer Fachmedien Wiesbaden GmbH, ein Teil von Springer Nature 2023
Das Werk einschließlich aller seiner Teile ist urheberrechtlich geschützt. Jede Verwertung, die nicht ausdrücklich vom Urheberrechtsgesetz zugelassen ist, bedarf der vorherigen Zustimmung des Verlags. Das gilt insbesondere für Vervielfältigungen, Bearbeitungen, Übersetzungen, Mikroverfilmungen und die Einspeicherung und Verarbeitung in elektronischen Systemen.
Die Wiedergabe von allgemein beschreibenden Bezeichnungen, Marken, Unternehmensnamen etc. in diesem Werk bedeutet nicht, dass diese frei durch jedermann benutzt werden dürfen. Die Berechtigung zur Benutzung unterliegt, auch ohne gesonderten Hinweis hierzu, den Regeln des Markenrechts. Die Rechte des jeweiligen Zeicheninhabers sind zu beachten.
Der Verlag, die Autoren und die Herausgeber gehen davon aus, dass die Angaben und Informationen in diesem Werk zum Zeitpunkt der Veröffentlichung vollständig und korrekt sind. Weder der Verlag, noch die Autoren oder die Herausgeber übernehmen, ausdrücklich oder implizit, Gewähr für den Inhalt des Werkes, etwaige Fehler oder Äußerungen. Der Verlag bleibt im Hinblick auf geografische Zuordnungen und Gebietsbezeichnungen in veröffentlichten Karten und Institutionsadressen neutral.

Planung/Lektorat: Susanne Kramer
Springer Gabler ist ein Imprint der eingetragenen Gesellschaft Springer Fachmedien Wiesbaden GmbH und ist ein Teil von Springer Nature.
Die Anschrift der Gesellschaft ist: Abraham-Lincoln-Str. 46, 65189 Wiesbaden, Germany

Vorwort

Robotic Process Automation (RPA) ist ein Überbegriff für die Automatisierung regelbasierter, sich wiederholender Aktivitäten in Geschäftsprozessen durch Software-Roboter (Bots). Der wesentliche Unterschied zu anderen Formen der Prozessautomatisierung besteht darin, dass RPA-Bots die gleichen Benutzeroberflächen von IT-Systemen wie menschliche Anwender nutzen und dort deren Handlungen imitieren. Die Einführung von RPA bringt eine Vielzahl von Vorteilen mit sich. Neben der Senkung der Personalkosten zählen hierzu die Erhöhung der Prozessgeschwindigkeit und -qualität, die Verfügbarkeit der Bots 24/7 und die Verbesserung der Compliance. Zudem zeichnet sich RPA dadurch aus, dass der Implementierungsaufwand im Vergleich zu sogenannten invasiven Automatisierungstechnologien gering ist und entwickelte Software-Komponenten wiederverwendet werden können.

Zu den vielversprechenden Einsatzfeldern von RPA zählt insbesondere die Logistik. In der Praxis herrscht gleichwohl Unklarheit darüber, wie RPA effizient und nachhaltig in der Logistik verankert werden kann. Das Buch adressiert dieses Problem und stellt ein Vorgehensmodell für die systematische Implementierung von RPA in Logistikprozessen vor. Das Vorgehensmodell basiert auf einer Synopse bestehender RPA-Einführungsmodelle, angereichert mit Logistikspezifika und kritischen Erfolgsfaktoren.

Das Vorgehensmodell wurde durch die praktische Einführung eines RPA-Bots beim mittelständischen Unternehmen Parador GmbH validiert. Das Praxisbeispiel verdeutlicht, dass sich ein RPA-Pilot bei einer stringenten Orientierung am Vorgehensmodell innerhalb eines vergleichsweise kurzen Zeitraums in der Logistik entwickeln lässt. Die Autoren bedanken sich für die Unterstützung des Projekts bei Hendrik Uphues, Oleg Wecker und Lutz Michaelsen.

Düsseldorf, Deutschland Jan Krakau
Münster, Deutschland Carsten Feldmann

Inhaltsverzeichnis

1	**Einleitung**		1
	1.1	Überblick	1
	1.2	Hintergrund und Motivation	1
	1.3	Zielsetzung des Buchs	2
	1.4	Aufbau des Buchs	3
2	**Theoretische Grundlagen**		5
	2.1	Überblick	5
	2.2	Robotic Process Automation	5
		2.2.1 Definition	5
		2.2.2 Komponenten	6
		2.2.3 Abgrenzung	7
		2.2.4 Chancen und Risiken	9
		2.2.5 Marktüberblick Softwareanbieter	10
	2.3	Logistik	11
		2.3.1 Definition und Abgrenzung	12
		2.3.2 Systematisierung	13
3	**Forschungsmethodik**		15
	3.1	Überblick	15
	3.2	Design Science Research Process	15
	3.3	Literaturrecherche	16
	3.4	Modellierung	17

Inhaltsverzeichnis

4 Vorgehensmodell 23
    4.1 Überblick 23
    4.2 Phase 1: Initiierung 23
        4.2.1 Phase 1.1: Projektaufsatz 24
        4.2.2 Phase 1.2: Identifizierung logistischer Anwendungsfälle ... 26
        4.2.3 Phase 1.3: Wirtschaftlichkeitsberechnung 29
        4.2.4 Phase 1.4: Auswahl des Softwareanbieters 31
    4.3 Phase 2: Pilotierung 32
        4.3.1 Phase 2.1: Prozessdokumentation und -optimierung 33
        4.3.2 Phase 2.2: Bot-Entwicklung 34
        4.3.3 Phase 2.3: Pilotvalidierung 35
    4.4 Phase 3: Implementierung 37
        4.4.1 Phase 3.1: Aufsetzen eines Betriebsmodells 37
        4.4.2 Phase 3.2: Aufbau eines Kompetenzzentrums 40
        4.4.3 Phase 3.3: Skalierung 42
    4.5 Phase 4: Fortlaufende Steuerung, Wartung und kontinuierliche Verbesserung 42

5 Validierung 45
    5.1 Überblick 45
    5.2 Vorstellung der Parador GmbH 45
    5.3 Ausgangssituation 46
    5.4 Anwendung des Vorgehensmodells 47
        5.4.1 Phase 1: Initiierung 47
        5.4.2 Phase 2: Pilotierung 51
    5.5 Erfolgsfaktoren 55
    5.6 Konzeption einer Roadmap 56

6 Kritische Reflexion 61

7 Fazit und Ausblick 65

Anhang 67

Literatur 79

Stichwortverzeichnis 87

Abkürzungsverzeichnis

BEP	Break-Even-Point
BI	Business Intelligence
Bot	Softwareroboter
BPMS	Business Process Management System
CoE	Center of Excellence
CPA	Cognitive Process Automation
CRM	Customer Relationship Management
CV	Computer Vision
DMS	Document Management System
DSGVO	Datenschutz-Grundverordnung
DSRP	Design Science Research Process
ERP	Enterprise Resource Planning
FTE	Full Time Equivalent
GoM	Grundsätze ordnungsmäßiger Modellierung
iBPMS	Intelligent Business Process Management System
IPA	Intelligent Process Automation
KI	Künstliche Intelligenz
LES	Logistics Execution System
MAM	Media Asset Management
ML	Machine Learning
MVP	Minimum Viable Product
NLP	Natural Language Processing
PDD	Process Definition Document

PIM	Product Information Management
PMI	Project Management Institute
RoI	Return on Investment
RPA	Robotic Process Automation
SDD	Solution Design Document
TD ABC	Time-Driven Activity-Based Costing
UAT	User Acceptance Test

Abbildungsverzeichnis

Abb. 1.1	Aufbau des Buchs. (Eigene Darstellung)	3
Abb. 2.1	Allgemeine RPA-Architektur. (In Anlehnung an Schmitz et al. 2019, S. 17)	8
Abb. 2.2	Abgrenzung Logistik und SCM. (In Anlehnung an Hausladen 2020, S. 11)	13
Abb. 2.3	Vertikale und horizontale Systematisierung der Logistik. (In Anlehnung an Wehking 2020, S. 89)	14
Abb. 3.1	Design Science Research Process und Richtlinien. (In Anlehnung an Peffers et al. 2007; Hevner et al. 2004)	16
Abb. 3.2	Prozess der Literaturrecherche. (Eigene Darstellung)	17
Abb. 3.3	Konzeptmatrix für die Literaturanalyse. (Eigene Darstellung)	18
Abb. 3.4	Synopse bestehender Vorgehensmodelle. (Eigene Darstellung)	21
Abb. 4.1	Vorgehensmodell für die RPA-Implementierung. (Eigene Darstellung)	24
Abb. 4.2	Nutzwertanalyse zur qualitativen Prozessbewertung. (Eigene Darstellung)	28
Abb. 4.3	Vorgehen zur Auswahl eines RPA-Softwareanbieters. (In Anlehnung an Czarnecki und Auth 2018, S. 123)	31
Abb. 4.4	Achtstufiges Change-Modell. (In Anlehnung an Kotter 2013)	39
Abb. 4.5	Rollen in einem RPA-Kompetenzzentrum. (Eigene Darstellung)	40

Abb. 5.1 Überblick Pilotprozess. (Eigene Darstellung)................. 48
Abb. 5.2 BPMN-Dokumentation Pilotprozess. (Eigene Darstellung)....... 49
Abb. 5.3 Wirtschaftlichkeitsberechnung RPA-Pilotierung.
         (Eigene Darstellung).................................... 51
Abb. 5.4 Entwicklungsumgebung Automation Anywhere.
         (Automation 360).. 53

Abb. A.1 Detailliertes Vorgehensmodell für die RPA-Implementierung.
         (Eigene Darstellung).....................................68

Tabellenverzeichnis

Tab. 2.1 RPA-Softwareanbieter. (In Anlehnung an Bensberg et al. 2021, S. 50) 11

Tab. 4.1 Logistische Anwendungsfälle für RPA. (In Anlehnung an Krakau et al. 2021, S. 248) 27

Tab. 5.1 Ergänzende Erfolgsfaktoren der RPA-Einführung bei Parador. (Eigene Darstellung) 55

Einleitung 1

1.1 Überblick

Robotic Process Automation (RPA) ist ein Oberbegriff für die Automatisierung digitaler, regelbasierter Geschäftsprozesse über die Benutzeroberflächen von Anwendungssystemen (vgl. Lacity et al. 2016a). Diese Veröffentlichung thematisiert die Implementierung von RPA in der Logistik. Im nachfolgenden Abschn. 1.2 wird zunächst die Motivation für diese Themenauswahl erläutert. Daran anknüpfend konkretisiert Abschn. 1.3 die Zielsetzung und Abschn. 1.4 stellt die Gliederung des Buchs vor.

1.2 Hintergrund und Motivation

Der transformative Charakter der Digitalisierung verändert nicht nur einzelne Organisationen, sondern auch ganze Branchen und wirtschaftliche Netzwerke (vgl. Stravinskiene und Serafinas 2021). Diese Entwicklung hat mit dem Ausbruch der COVID-19-Pandemie weiter an Dynamik gewonnen (vgl. Siderska 2021). Um wettbewerbsfähig zu bleiben, müssen Organisationen sicherstellen, dass ihre ohnehin knappen personellen Ressourcen möglichst wertschöpfende Tätigkeiten ausüben können. Daher sollten repetitive, digitale Geschäftsprozesse, die kaum wertschöpfend sind, automatisiert werden. Hierzu sind digitale Technologien erforderlich, die mit einem geringen Aufwand implementiert werden können. Eine dieser Technologien ist RPA. Das Potenzial von RPA spiegelt sich nicht zuletzt in dem aktuellen und voraussichtlichen Marktvolumen wider. So beziffert eine Studie das globale RPA-Marktvolumen auf 1,89 Mrd. US-Dollar im Jahr 2021 und

---

© Der/die Autor(en), exklusiv lizenziert an Springer Fachmedien Wiesbaden GmbH, ein Teil von Springer Nature 2023
J. Krakau, C. Feldmann, *Robotic Process Automation (RPA) in der Logistik*,
https://doi.org/10.1007/978-3-658-41011-7_1

prognostiziert eine durchschnittliche jährliche Wachstumsrate von 38,2 % von 2022 bis 2030 (vgl. Grand View Research 2022).

Die Ergebnisse einer weiteren Studie deuten darauf hin, dass die Logistik einen der relevantesten Anwendungsbereiche für RPA darstellt (vgl. Reder 2021). Gleichwohl herrscht in der Praxis Unklarheit darüber, wie RPA effizient implementiert und nachhaltig in der Logistik verankert werden kann. So zeigt eine Befragung von kleinen und mittleren Unternehmen aus dem Münsterland im Jahr 2021, dass RPA nur von neun Prozent der Unternehmen eingesetzt wird, wohingegen 20 % der Befragten die Technologie gar nicht kennen (vgl. Feldmann et al. 2021). Hieraus wird ersichtlich, dass Praktiker einen strukturierten und validierten Leitfaden für die Implementierung von RPA in der Logistik benötigen. Ein solcher Leitfaden stellt auch aus einer wissenschaftlichen Perspektive eine Forschungslücke dar.

1.3 Zielsetzung des Buchs

Um die Forschungslücke zu schließen und Logistikpraktiker bei der RPA-Implementierung zu unterstützen, ist diesem Buch die folgende Forschungsfrage übergeordnet: Wie sollte ein Vorgehensmodell für die Implementierung von RPA in der Logistik gestaltet sein, um die Einführung unter Berücksichtigung kritischer Erfolgsfaktoren systematisch zu unterstützen?

Für die Beantwortung der Forschungsfrage orientieren sich die nachfolgenden Ausführungen methodisch an dem Design Science Research Process (DSRP) nach Peffers et al. (vgl. 2007). Der DSRP ist ein bewährter Ansatz zur Modellierung von Informationssystemen und eignet sich auch für die Entwicklung IT-bezogener Vorgehensmodelle. Um die Forschungslücke zu spezifizieren und die vorhandene Wissensbasis zu nutzen, wird zudem eine umfassende Literaturrecherche durchgeführt. Die Rechercheergebnisse werden systematisch gegenübergestellt und bilden die Grundlage für die Herleitung des Vorgehensmodells.

Das Ergebnis dieser Studie ist ein Vorgehensmodell für die Implementierung von RPA in der Logistik. Das Vorgehensmodell umfasst verschiedene Phasen, die einheitlich in die Komponenten Ziele, Input, Vorgehen, Output, Methoden und Erfolgsfaktoren untergliedert sind. Inhaltlich stellt das Modell unter anderem eine strukturierte Übersicht von logistischen Anwendungsfällen sowie Kriterien für die konkrete Auswahl von geeigneten Prozessen bereit. Durch die Anwendung bei der *Parador GmbH* wird das Modell validiert und um zusätzliche Erfolgsfaktoren erweitert. *Parador* ist ein deutscher Hersteller von Premium-Produkten zur Boden- und Wandgestaltung und beschäftigt derzeit etwa 600 Mitarbeiter.

1.4 Aufbau des Buchs

Um ein fundiertes Verständnis für das Potenzial von RPA zu verschaffen, thematisiert Kap. 2 zunächst technologische Grundlagen. Auf die Definition und Abgrenzung zentraler Begriffe folgen hierzu eine Darlegung RPA-spezifischer Chancen und Risiken sowie ein Marktüberblick. Darüber hinaus vermittelt Kap. 2 grundlegendes Logistikwissen. Daran anknüpfend wird in Kap. 3 die dem Buch zugrunde liegende Forschungsmethodik beschrieben. Hierbei wird auf den übergeordneten DSRP und den Modellierungsprozess eingegangen. Zudem wird Transparenz über den Rechercheprozess geschaffen.

Den Hauptteil des Buchs bildet Kap. 4. In diesem Kapitel wird das entwickelte Vorgehensmodell detailliert vorgestellt. Gemäß den Modellphasen gliedert sich das Kapitel in die Abschnitte Initiierung, Pilotierung, Implementierung sowie fortlaufende Steuerung, Wartung und kontinuierliche Verbesserung. Daran anschließend behandelt Kap. 5 die Validierung des Modells bei der *Parador GmbH*. Neben einer Vorstellung des Unternehmens und der Ausgangssituation wird hierbei die Umsetzung der Initiierungs- und Pilotierungsphase beschrieben. Zudem werden Erfolgsfaktoren abgeleitet und es wird eine Roadmap für die Verankerung von RPA im Unternehmen konzipiert. Auf eine kritische Diskussion der Methodik und Ergebnisse in Kap. 6 folgen in Kap. 7 abschließend eine Zusammenfassung und ein Ausblick. Abb. 1.1 visualisiert die Gliederung des Buchs.

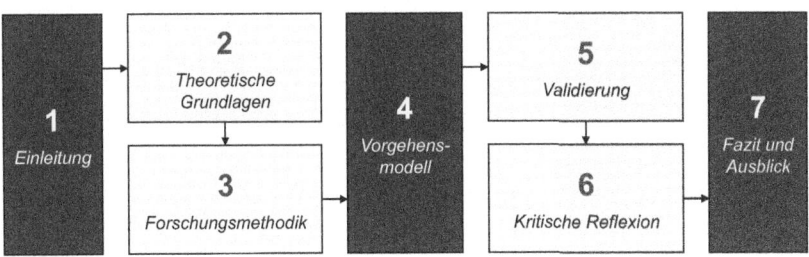

Abb. 1.1 Aufbau des Buchs. (Eigene Darstellung)

Theoretische Grundlagen 2

2.1 Überblick

Eine zentrale Voraussetzung für die Entwicklung eines Vorgehensmodells für die Implementierung von RPA in der Logistik besteht in der Definition und Abgrenzung relevanter Begriffe und Konzepte. Abschn. 2.2 beleuchtet hierzu zunächst den Begriff RPA. Abschn. 2.3 gibt daran anknüpfend eine Einführung in die Logistik.

2.2 Robotic Process Automation

Im Folgenden wird der Begriff RPA zunächst definiert (vgl. Abschn. 2.2.1) und es werden die zentralen Komponenten eines RPA-Systems erläutert (vgl. Abschn. 2.2.2). Darauf aufbauend wird RPA in Abschn. 2.2.3 inhaltlich abgegrenzt, insbesondere von Business Process Management Systems. Abschn. 2.2.4 beleuchtet Chancen und Risiken, die mit einer RPA-Einführung verbunden sind. Abschließend wird ein Überblick über die am Markt agierenden Anbieter von RPA-Software gegeben (vgl. Abschn. 2.2.5).

2.2.1 Definition

Für den Begriff RPA existiert keine allgemeingültige Definition. Lacity et al. (2016a) und Cernat et al. (2020) beschreiben RPA als eine Technologie zur Automatisierung von Prozessen über die Benutzeroberflächen von Anwendungssystemen und heben den vergleichsweise geringen Implementierungsaufwand hervor. Alberth und Mattern (2017) definieren RPA als die Nutzung von Software als virtuelle Vollzeitäquivalente (Full Time Equivalents, FTE) zur Durchführung digitaler Prozesse. Enríquez et al. (2020) verstehen RPA hingegen lediglich als eine technologische Extrapolation menschlicher Mitarbeiter zur schnellen und profitablen Durchführung von Prozessschritten. Gartner (o. J.) definiert RPA als ein Produktivitätstool, welches seinen Nutzern ermöglicht, Skripte zur Prozessautomatisierung selbstständig zu entwickeln. Das Institute for Robotic Process Automation & Artificial Intelligence (IRPA AI o. J.) spezifiziert RPA als eine Technologie zur Konfiguration von Softwarerobotern (Bots), die Transaktionen durchführen, Daten bearbeiten und mit verschiedenen digitalen Systemen kommunizieren können. Aguirre und Rodriguez (2017) grenzen in ihrer Definition den Anwendungsbereich von RPA ein, indem sie betonen, dass RPA zur Automatisierung von regelbasierten, repetitiven, deterministischen Geschäftsprozessen eingesetzt wird. Czarnecki und Fettke (vgl. 2021) verstehen RPA in Abgrenzung zu den zuvor genannten Definitionen nicht als eine konkrete Technologie, sondern als einen Sammelbegriff für eine Vielzahl von Konzepten zur Prozessautomatisierung.

Aufbauend auf der Vielfalt möglicher Definitionen von RPA wird den nachstehenden Ausführungen folgende Arbeitsdefinition zugrunde gelegt: RPA ist ein Oberbegriff für den Einsatz von Bots zur Automatisierung von regelbasierten Geschäftsprozessen über die Benutzeroberflächen von Anwendungssystemen. In Abgrenzung zu anderen Automatisierungsmöglichkeiten imitieren die Bots die Aktivitäten menschlicher Anwender an diesen Anwendungssystemen.

2.2.2 Komponenten

Zu den Komponenten eines RPA-Systems zählen aus technologischer Perspektive neben den RPA-Bots auch die RPA-Entwicklungs- und die RPA-Steuerungsumgebung. Ein RPA-Bot ist eine einzelne Instanz eines RPA-Systems (vgl. Czarnecki und Fettke 2021). Zu unterscheiden sind hierbei sogenannte attended (beaufsichtigte) Bots und unattended (unbeaufsichtigte) Bots. Attended Bots werden lokal auf dem Computer eines Anwenders installiert. Sie unterstützen den Anwender unter Beaufsichtigung bei der Durchführung spezifischer Prozessschritte und werden daher auch als virtuelle Assistenten bezeichnet (vgl. Koch und Stass 2021). Der Einsatz eines attended Bots empfiehlt sich primär, wenn in einem Prozess eine menschliche Intervention erforderlich ist und somit lediglich ein Teil-

2.2 Robotic Process Automation

prozess automatisiert werden kann (vgl. Choi et al. 2021). Sind in einem Prozess hingegen keine menschlichen Entscheidungen erforderlich, bietet sich der Einsatz eines unattended Bots an. Dieser wird auf einer virtuellen Maschine installiert und je nach definierter Ablaufsteuerung auf Basis eines Zeitplans oder eines Triggers ausgeführt (vgl. Koch und Stass 2021, S. 25). Da unattended Bots sich mit einem eigenen User und Passwort in die erforderlichen Anwendungssysteme einloggen, werden sie auch als digitale Mitarbeiter oder virtuelle Kollegen bezeichnet.

Die RPA-Entwicklungsumgebung ist die Komponente eines RPA-Systems, über die RPA-Bots von Entwicklern konzipiert und programmiert werden (vgl. Choi et al. 2021). Viele RPA-Softwareanbieter stellen Entwicklungsumgebungen mit intuitiven Bedienelementen bereit, sodass für die Entwicklung von RPA-Bots keine umfangreichen Programmierkenntnisse erforderlich sind (vgl. Willcocks et al. 2015b).

Komplettiert wird ein RPA-System durch die RPA-Steuerungsumgebung. Diese dient dazu, die entwickelten Bots zu steuern und überwachen (vgl. Choi et al. 2021). So werden in dieser Komponente beispielsweise Zeitpläne für die Ausführung von unattended Bots hinterlegt oder Formen der Zusammenarbeit zwischen verschiedenen Bots orchestriert.

Wie in der Arbeitsdefinition angedeutet, zeichnet sich RPA dadurch aus, dass die Bots die Aktivitäten von Mitarbeitern auf der Benutzeroberfläche von Anwendungssystemen imitieren (vgl. Czarnecki und Auth 2018). Die Integration von RPA-Software und Anwendungssystemen erfolgt daher nicht über die Applikations- oder Datenschicht der Anwendungssysteme, sondern über die Präsentationsschicht (vgl. Abb. 2.1). Aufgrund der vergleichsweise geringen Komplexität einer solchen Integration wird RPA auch als „lightweight" IT bezeichnet (vgl. Osman 2019). Traditionelle IT-Lösungen, die invasiv in die bestehende Systemarchitektur eingreifen, werden hingegen unter dem Begriff „heavyweight" IT zusammengefasst (vgl. Penttinen et al. 2018).

2.2.3 Abgrenzung

Die Unterscheidung von „lightweight" versus „heavyweight" IT bildet auch die Basis für die Abgrenzung von RPA und Business Process Management Systems(BPMS). Nach Weske et al. (2004) sind BPMS definiert als generische Softwaresysteme zur Implementierung und Verwaltung betrieblicher Geschäftsprozesse. Wenngleich beide Ansätze darauf abzielen, die Kosten der Durchführung

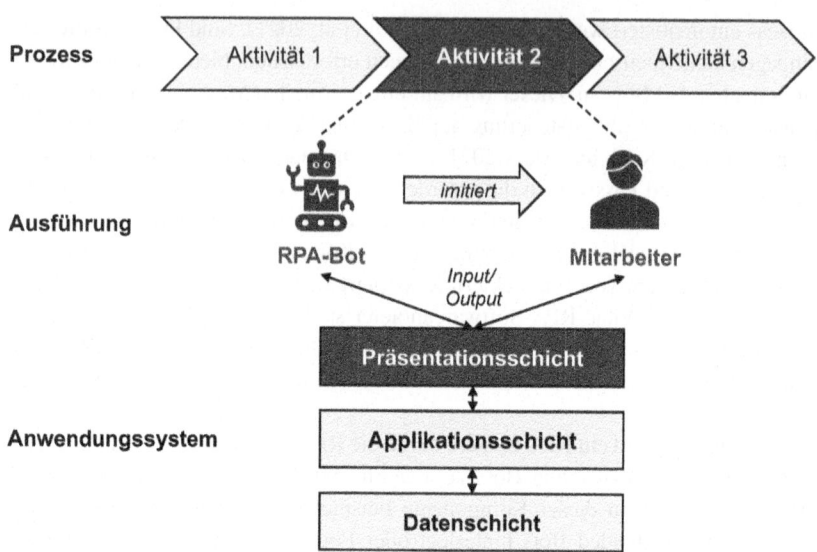

Abb. 2.1 Allgemeine RPA-Architektur. (In Anlehnung an Schmitz et al. 2019, S. 17)

von Geschäftsprozessen unter Einhaltung von Qualitätsstandards zu reduzieren, werden mit BPMS erheblich umfangreichere und aufwendigere Eingriffe in die Prozess- und Systemlandschaft vorgenommen als mit RPA (vgl. Sobczak 2022). Aus diesem Grund betrachtet Osman (vgl. 2019) RPA und BPMS nicht als konkurrierende, sondern als komplementäre Technologien.

Diese Perspektive spiegelt sich auch in dem Trend hin zur sogenannten Hyperautomation wider, in deren Rahmen RPA, intelligente BPMS (iBPMS), künstliche Intelligenz (KI) und weitere Technologien integriert werden (vgl. Jiménez-Ramírez 2021). Durch diese Integration erweitern sich die Anwendungsbereiche von RPA. So können durch die Kombination von RPA mit KI-basierten Technologien wie Machine Learning (ML), Natural Language Processing (NLP) oder Computer Vision (CV) auch Prozesse automatisiert werden, welche die Verarbeitung unstrukturierter Daten oder komplexe Entscheidungen erfordern (vgl. Koch und Fedtke 2020). Diese Verknüpfung, die als Entwicklungsstufe von RPA auf dem Weg zur Hyperautomation betrachtet werden kann, wird auch als Cognitive Process Automation (CPA) oder Intelligent Process Automation (IPA) bezeichnet (vgl. Langmann und Turi 2020).

2.2.4 Chancen und Risiken

Die Einführung von RPA geht mit einer Vielzahl von Chancen und Risiken einher. Zu den wesentlichen Chancen und Vorteilen zählen die Erhöhung der Prozessqualität und der Mitarbeiterzufriedenheit, der geringe Implementierungsaufwand, die Erzielung eines schnellen Return on Investment (RoI) sowie die Sicherstellung von Compliance.

Die Chance zur Steigerung der Prozessqualität begründet sich darin, dass durch die Einführung von RPA menschliche Fehler bei der Prozessdurchführung vermieden werden können. Zudem erhöhen sich potenziell die Prozessdurchlaufzeit und die Verfügbarkeit zur Prozessdurchführung (vgl. Murdoch 2018). Bei Prozessen mit Kundenschnittstellen führen eine kürzere Reaktionszeit und höhere Verfügbarkeit mitunter zu einer Erhöhung der Kundenzufriedenheit oder zu der Erschließung neuer Einnahmequellen (vgl. Sobczak 2022, S. 14 f.). Darüber hinaus bietet die Einführung von RPA die Chance, die Mitarbeiter durch die Befreiung von zeitintensiven und abwechslungsarmen Routinetätigkeiten zu entlasten und somit die Mitarbeiterzufriedenheit zu erhöhen. Die freie Zeit können die Mitarbeiter beispielsweise nutzen, um IT-Kompetenzen zu entwickeln und die Automatisierung weiterer Prozesse aktiv mitzugestalten (vgl. Murdoch 2018).

Ein zusätzlicher Vorteil besteht in dem vergleichsweise geringen Aufwand für die Implementierung von RPA. Wie in Abb. 2.1 dargestellt, sind keine komplexen Anpassungen des Quellcodes von involvierten Anwendungssystemen erforderlich, da die RPA-Bots mit den Anwendungssystemen lediglich über die Präsentationsschicht interagieren. Czarnecki und Fettke (vgl. 2021) begreifen diesen Vorteil sogar als primären Grund für die hohe Relevanz und den Erfolg von RPA in der Praxis. Knauer et al. (2020) betonen zudem, dass die Entwicklung von Bots zumeist auch ohne fundierte Programmierkenntnisse möglich ist. Darüber hinaus zeichnet sich RPA durch eine hohe Skalierbarkeit aus. So können einmal entwickelte Module mitunter vielfach wiederverwendet werden (vgl. Langmann und Turi 2020).

Weitere Chancen der Einführung von RPA sind die Einsparung von Kosten und die Erzielung eines schnellen RoI. So kann RPA je nach automatisierbarem Prozessvolumen dazu beitragen, Neueinstellungen in Wachstumsphasen eines Unternehmens zu vermeiden (vgl. Koch und Fedtke 2020). Auch kann der RoI der Implementierung eines RPA-Bots laut Alberth und Mattern (vgl. 2017) präzise im Voraus berechnet werden. Darüber hinaus trägt RPA potenziell dazu bei, die Compliance zu erhöhen, d. h. die Einhaltung gesetzlicher Bestimmungen und interner Richtlinien bei der Prozessdurchführung sicherzustellen. Zudem kann bei einer

Speicherung der Protokolldaten der RPA-Bots die Transparenz der Prozessdurchführung erhöht werden (vgl. Koch und Fedtke 2020).

Gleichwohl sind mit der Einführung von RPA auch Risiken verbunden. Im Wesentlichen sind hier Projektmanagement-, Stakeholder, Entwicklungs-, IT- und finanzielle Risiken zu unterscheiden. In Bezug auf das Projektmanagement bestehen zunächst die Risiken, einen ungeeigneten Prozess und eine ungeeignete Softwarelösung für die Automatisierung auszuwählen (vgl. Forrester 2019). Zudem kann der Aufwand für die Überwachung und Wartung der Bots, zum Beispiel bei Releasewechseln, unterschätzt werden (vgl. Flechsig et al. 2022). Wenn keine profunde IT-Strategie vorliegt, besteht ein weiteres Risiko darin, dass bei der Einführung von RPA andere Automatisierungsmöglichkeiten ignoriert werden. Zu den wesentlichen Stakeholder-Risiken zählen eine unzureichende Unterstützung durch das Management und eine mangelnde Akzeptanz der Fachabteilungen aufgrund von insuffizientem Change Management (vgl. Willcocks et al. 2019).

In der Entwicklungsphase werden insbesondere bei komplexeren Prozessen mitunter die erforderlichen Programmierkenntnisse unterschätzt (vgl. Herm et al. 2020). Wird die Bot-Entwicklung an einen externen Partner ausgelagert, entsteht im weiteren Verlauf des RPA-Lebenszyklus zudem gegebenenfalls ein Abhängigkeitsrisiko. IT-Risiken umfassen primär eine unzureichende IT-Governance und eine Überlastung der IT-Mitarbeiter (vgl. Forrester 2019, S. 7). Darüber hinaus unterliegen RPA-Bots IT-Sicherheitsrisiken, insbesondere bei der Nutzung einer Cloud-Lösung (vgl. Flechsig et al. 2022). Aus finanzieller Perspektive besteht zudem das Risiko, Kostenbestandteile der RPA-Einführung wie beispielsweise Schulungs- oder Wartungskosten zu unterschätzen.

2.2.5 Marktüberblick Softwareanbieter

Zu den zentralen Akteuren, die in eine RPA-Einführung involviert sind, zählen auch die Anbieter von RPA-Software. Aus diesem Grund wird im Folgenden ein komprimierter Marktüberblick über die Softwareanbieter und deren Produkte gegeben.

In Tab. 2.1 sind im Wesentlichen die von Bensberg et al. (vgl. 2021) als relevant eingestuften Closed-Source-Anbieter von RPA-Software dargestellt. Marktführend sind die Anbieter *Automation Anywhere*, *Blue Prism* und *UiPath*. Diese zeichnen sich insbesondere durch eine intuitive Benutzeroberfläche und eine hohe Performanz aus (vgl. Choi et al. 2021).

Daneben gibt es eine zunehmende Anzahl von Open-Source-Anbietern. In Abgrenzung zu Closed-Source bedeutet Open-Source, dass der Quellcode der Soft-

Tab. 2.1 RPA-Softwareanbieter. (In Anlehnung an Bensberg et al. 2021, S. 50)

Anbieter	Produkt	Website
Advanced Systems Concept	ActiveBatch	www.advsyscon.com/en-us/activebatch
Automation Anywhere	Automation 360	www.automationanywhere.com/products/automation-360
Blue Prism	Blue Prism	www.blueprism.com/de/products/
EdgeVerve Systems	AssistEgde	www.edgeverve.com/assistedge/
Kofax	Kofax Kapow	www.kofax.de/products/rpa
Kyron Systems	Leo	www.kryonsystems.com/
Microsoft	Power Automate WinAutomation	www.winautomation.com/
NICE	NICE Robotic Automation	www.nice.com/products/automation/robotic-process-automation
Pegasystems	Pega Platform	www.pega.com/de/products/platform
Redwood Robotics	Redwood Robotics	www.redwood.com/
SAP	SAP Intelligent Robotic Process Automation	www.sap.com/products/robotic-process-automation.html
UiPath	UiPath	www.uipath.com/product
WorkFusion	WorkFusion Enterprise	www.workfusion.com/workfusion-enterprise/

ware öffentlich geteilt und modifiziert wird (vgl. Taulli 2020, S. 260). Während Open-Source-Produkte wie *Automagica, Open RPA, Taskt* und *UI.Vision RPA* ebenfalls eine intuitive Bot-Entwicklung ohne fundierte Programmierkenntnisse ermöglichen, werden für die Nutzung anderer Open-Source-Produkte wie *Robot Framework, RPA for Python* und *TagUI* umfassende Programmierkenntnisse benötigt (vgl. Bensberg et al. 2021).

2.3 Logistik

Zu der Vielzahl von Anwendungsbereichen für RPA zählt unter anderem die Logistik. Im nachfolgenden Abschn. 2.3.1 wird die Logistik zunächst aus verschiedenen Perspektiven beleuchtet und definiert. Zudem werden die Ziele der Logistik dargelegt und der Begriff wird inhaltlich von Supply Chain Management (SCM) abgegrenzt. Daran anknüpfend werden in Abschn. 2.3.2 verschiedene Möglichkeiten der Systematisierung der Logistik gegenübergestellt.

2.3.1 Definition und Abgrenzung

Aus ergebnisorientierter Perspektive kann Logistik als die Aufgabe der Bereitstellung des richtigen Produkts in der richtigen Menge und richtigen Qualität zur richtigen Zeit am richtigen Ort bei dem richtigen Kunden zu den richtigen Kosten und mit den richtigen Informationen definiert werden (8Rs der Logistik) (vgl. Hausladen 2020). Die hierfür erforderlichen Hauptfunktionen der Logistik sind der Transport und die Lagerung, also der räumliche und der zeitliche Transfer von Produkten (vgl. Large 2016). Aus prozessorientierter Perspektive umfasst die Logistik die „Gestaltung, Planung, Abstimmung, Steuerung, Durchführung und Kontrolle aller Ressourcen und Aktivitäten, die den Fluss von Transaktionsobjekten zwischen definierten Herkunfts- […] und […] Zielorten […] beeinflussen" (Bretzke 2020). Unter Transaktionsobjekten sind dabei primär Sachgüter, aber auch Personen, Informationen und finanzielle Mittel zu verstehen (vgl. Fleischmann 2008).

Hinsichtlich der Ziele der Logistik werden im Wesentlichen ökonomische und ökologische Ziele unterschieden. Das vorrangige ökonomische Ziel ist die Logistikeffizienz, also die Sicherstellung eines optimalen Verhältnisses zwischen den Dimensionen Logistikleistung und Logistikkosten (vgl. Wehking 2020). Die Logistikleistung umfasst dabei die Komponenten Zeit, Qualität, Flexibilität und Zuverlässigkeit (vgl. Hausladen 2020). Die Logistikkosten lassen sich untergliedern in Systemkosten, beispielsweise für die Gestaltung von Logistikstrukturen, und Prozesskosten für Aktivitäten wie den Transport, die Lagerung und den Umschlag (vgl. Muchna et al. 2021). Die wesentlichen ökologischen Ziele sind der Schutz der natürlichen Umwelt und die Ressourcenschonung. Konkret wird beispielsweise angestrebt, den Energieverbrauch, Schadstoffemissionen, den Flächenbedarf, die Abfallerzeugung und Lärm zu reduzieren (vgl. Fleischmann 2008). Zu beachten ist, dass die beschriebenen Logistikziele mitunter in einer konfliktären Beziehung zueinander stehen. So kann die Sicherstellung einer geringen Lieferzeit beispielsweise erfordern, dass hohe Bestände vorgehalten und Transportmittel mit hohen CO_2-Emissionen pro Tonnenkilometer genutzt werden (vgl. Hausladen 2020).

Eine mit der Logistik assoziierte Disziplin ist das Supply Chain Management (SCM). Hinsichtlich der Abgrenzung von Logistik und SCM finden sich in der Literatur divergente Ansichten (vgl. Abb. 2.2). Während Vahrenkamp und Kotzab (2012) das SCM als eine neue Entwicklungsstufe der Logistik begreifen, erachtet Large (2016) beide Disziplinen als grundlegend verschiedene Konzepte, die lediglich in Teilbereichen Gemeinsamkeiten aufweisen. Bretzke (2020) hingegen versteht Logistik als einen Unterbereich von SCM. Festzuhalten ist, dass beim SCM der Anspruch der bedarfsgerechten Steuerung und Optimierung logistischer

2.3 Logistik

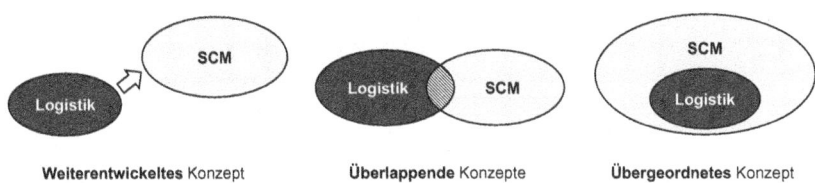

| Weiterentwickeltes Konzept | Überlappende Konzepte | Übergeordnetes Konzept |

Abb. 2.2 Abgrenzung Logistik und SCM. (In Anlehnung an Hausladen 2020, S. 11)

Ressourcen und Aktivitäten von der Organisationsebene auf die Netzwerkebene gehoben wird (vgl. Muchna et al. 2021).

2.3.2 Systematisierung

Um die Subsysteme der Logistik zu strukturieren, werden im Folgenden verschiedene Möglichkeiten der Systematisierung der Logistik vorgestellt. Hierzu zählen die vertikale Systematisierung, die horizontale phasenspezifische Systematisierung und die verrichtungsspezifische Systematisierung. Aus einer vertikalen Organisationsperspektive werden die Management-, die Dispositions- und die Materialflussebene unterschieden. Während auf der Managementebene strategische logistische Entscheidungen getroffen werden, umfasst die Dispositionsebene die Planung, Steuerung und Überwachung logistischer Ressourcen und Prozesse von der Beschaffung bis zur Entsorgung. Auf der Materialflussebene werden logistische Aktivitäten wie beispielsweise Transport, Lagerung, Umschlag oder Verpackung operativ durchgeführt (vgl. Wehking 2020).

Aus einer horizontalen Organisationsperspektive wird die Logistik in Beschaffungs-, Produktions-, Distributions- und Entsorgungslogistik untergliedert. Die Beschaffungslogistik umfasst die Koordination des Flusses von Transaktionsobjekten von den Lieferanten einer Organisation bis zur Bereitstellung für die Produktion (vgl. Fleischmann 2008). Daran anknüpfend stellt die Produktionslogistik die bedarfsgerechte Versorgung des Produktionsprozesses sicher (vgl. Pfohl 2018). Die Distributionslogistik koordiniert die Verteilung von Transaktionsobjekten an die nachgelagerte Wirtschaftsstufe oder an die Endkunden (vgl. Gleißner 2015). Die Entsorgungslogistik plant und steuert den rückwärtsgerichteten Fluss von Abfall-, Rest- und Schadstoffen (vgl. Wehking 2020). Zusammenfassend verdeutlicht die horizontale Systematisierung, dass die Logistik als Querschnittsfunktion innerhalb einer Organisation zahlreiche Interdependenzen mit anderen Fachbereichen

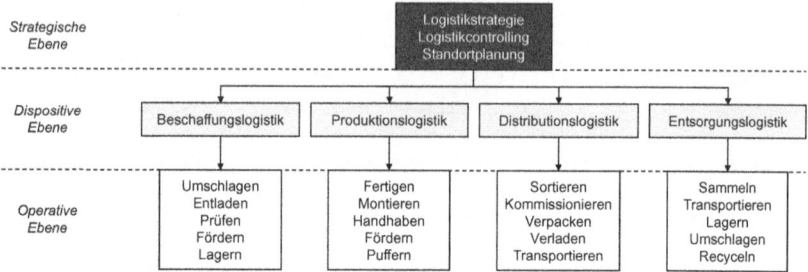

Abb. 2.3 Vertikale und horizontale Systematisierung der Logistik. (In Anlehnung an Wehking 2020, S. 89)

aufweist (vgl. Bräkling et al. 2020). Abb. 2.3 fasst die vertikale und horizontale Systematisierung der Logistik zusammen.

Neben der vertikalen und horizontalen Systematisierung kann die Logistik auch in verrichtungsspezifische Subsysteme gegliedert werden. Primär sind hier die Subsysteme Auftragsabwicklung, Lagerhaltung, Lagerhaus, Transport und Verpackung zu unterscheiden (vgl. Pfohl 2018). Die Auftragsabwicklung umfasst die bedarfsgerechte Steuerung der Material- und Informationsflüsse entlang der logistischen Kette (vgl. Pfohl 2018, S. 76). Die Lagerhaltung gliedert sich in die Tätigkeiten des Einlagerns, Lagerns und Auslagerns, wobei diverse Lagerstrategien unterschieden werden (vgl. Fleischmann 2008). Eng damit verknüpft ist das Subsystem Lagerhaus, welches die Lagerhaltung als Knoten im logistischen Netzwerk ermöglicht (vgl. Pfohl 2018). Der Transport dient der Überbrückung räumlicher Differenzen und wird in inner- und außerbetrieblichen Transport untergliedert (vgl. Fleischmann 2008). Das Subsystem Verpackung umfasst abschließend Tätigkeiten zur Entwicklung und Optimierung von Verpackungen, unter anderem, um Güter zu schützen und handhabbar zu machen (vgl. Großmann und Kaßmann 2015).

Forschungsmethodik 3

3.1 Überblick

Zur Vielzahl von exogenen und endogenen Trends in der Logistik zählt auch die Effizienzsteigerung durch Digitalisierung und Automatisierung von Prozessen, unter anderem durch den Einsatz von RPA (vgl. Hartley und Sawaya 2019; Kille 2020, S. 128). Ein digitalisierter Prozess liegt vor, wenn einzelne oder alle Aktivitäten in einem Prozess mit der Unterstützung eines IT-Systems, wie beispielsweise einer IoT-Lösung, durchgeführt werden und ebenso einzelne oder alle Daten für den Prozess in digitaler Form vorliegen (Appelfeller und Feldmann 2023). Bei der Automatisierung werden einzelne oder alle Aktivitäten im Prozess durch ein IT-System oder eine Maschine durchgeführt. Ein Mitarbeiter stößt durch einen Systemaufruf gegebenenfalls die automatisierte Verarbeitung der Aktivität noch an; darüber hinaus kommt er nicht zum Einsatz. Die Automatisierung von Prozessen setzt deren zumindest teilweise Digitalisierung voraus.

In der Praxis besteht Unklarheit darüber, welche Anwendungsfälle für RPA geeignet sind und wie RPA strukturiert eingeführt und systematisch verankert werden kann. Wie in Abschn. 1.3 eingeleitet, besteht das Ziel dieses Buchs daher in der Entwicklung eines Vorgehensmodells für die Einführung von RPA in der Logistik.

3.2 Design Science Research Process

Die methodische Basis für die Entwicklung des Vorgehensmodells als Artefakt bildet der Design Science Research Process (DSRP) nach Peffers et al. (vgl. 2007). Ein Artefakt ist in diesem Zusammenhang definiert als ein Konstrukt, ein Modell

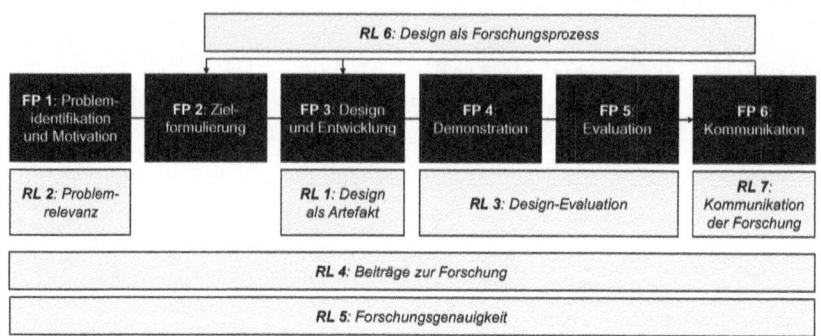

Abb. 3.1 Design Science Research Process und Richtlinien. (In Anlehnung an Peffers et al. 2007; Hevner et al. 2004)

oder eine Methode zur Lösung eines identifizierten Problems (vgl. Peffers et al. 2007). Der DSRP umfasst die folgenden sechs Phasen: Problemidentifikation und Motivation, Zielformulierung, Design und Entwicklung, Demonstration, Evaluation und Kommunikation. Darüber hinaus werden die von Hevner et al. (2004) formulierten DSRP-Richtlinien berücksichtigt. Diese stellen eine effektive Nutzung der bestehenden Wissensbasis sowie eine hohe Praxisrelevanz des Artefakts sicher. Abb. 3.1 fasst den DSRP und die Richtlinien zusammen.

Die Problemidentifikation und Zielformulierung wurden bereits einleitend in Abschn. 1.2 und 1.3 dargelegt. Die für die Design- und Entwicklungsphase erforderliche Literaturrecherche wird im nachfolgenden Abschn. 3.3 erläutert. Daran anknüpfend behandelt Abschn. 3.4 den Modellierungsprozess und die zugrunde gelegten Qualitätsgrundsätze. Das entwickelte Vorgehensmodell wird in Kap. 4 vorgestellt. Die im Rahmen der Phasen Demonstration und Evaluation durchgeführte Validierung des Artefakts bei der *Parador GmbH* wird in Kap. 5 beschrieben. Die Kommunikationsphase beginnt mit der Veröffentlichung dieses Buchs.

3.3 Literaturrecherche

Um die Forschungsfrage zu beantworten, wurde eine systematische Literaturrecherche durchgeführt, die sich methodisch an dem von Vom Brocke et al. (2009) vorgeschlagenen Vorgehen orientiert. Die stichwortbasierte Recherche wurde im

3.4 Modellierung

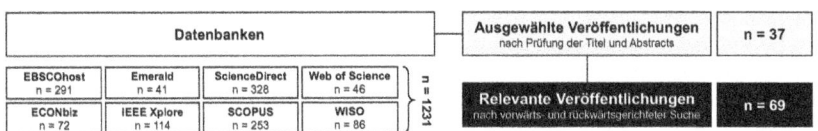

Abb. 3.2 Prozess der Literaturrecherche. (Eigene Darstellung)

März 2021 durchgeführt und im März 2022 aktualisiert. Hierbei wurden wissenschaftliche Datenbanken nach den Stichworten „RPA" oder „Robotic Process Automation" zum einen in Verbindung mit „Logistics" oder „Supply Chain Management" und zum anderen in Verbindung mit Begriffen, wie „Procedure Model", „Framework", „Implementation" oder „Success Factors" durchsucht. In Summe wurden 1231 Veröffentlichungen in acht Datenbanken identifiziert. Anhand der Kriterien Relevanz, Qualität und Aktualität wurde die Anzahl auf 37 Veröffentlichungen reduziert. Eine ergänzende vorwärts- und rückwärtsgerichtete Suche auf Basis der Zitationen führte zu einer Gesamtzahl von 69 relevanten Beiträgen (vgl. Abb. 3.2).

Für die Literaturanalyse wurde eine Konzeptmatrix erstellt, welche das umfassende Themengebiet in einzelne Analyseeinheiten untergliedert (vgl. Abb. 3.3). Viele der relevanten Veröffentlichungen stammen aus wissenschaftlichen Zeitschriften und Konferenzbeiträgen mit Peer-Reviews. In 17 Veröffentlichungen wird ein strukturiertes Vorgehensmodell für die RPA-Implementierung beschrieben (vgl. Alberth und Mattern 2017; Hallikainen et al. 2018; Herm et al. 2020; Ilo 2018; Jiménez-Ramírez et al. 2019; Kanakov und Prokhorov 2020; Koch und Fedtke 2020; Kyheröinen 2018; Langmann und Turi 2020; Masó 2018; Myllymäki 2019; Rutschi und Dibbern 2020a; Sigurðardóttir 2018; Smeets et al. 2019; Willcocks et al. 2015a; Willcocks et al. 2019; Zaharia-Radulesu et al. 2017). Gleichwohl wurden nur vier Vorgehensmodelle praktisch validiert (vgl. Ilo 2018; Kyheröinen 2018; Masó 2018; Rutschi und Dibbern 2020a) und keines der Vorgehensmodelle weist Logistikspezifika auf. Die Validierung eines Vorgehensmodells zur Implementierung von RPA in der Logistik stellt folglich eine Forschungslücke dar.

3.4 Modellierung

Das im Rahmen des DSRP zu entwickelnde Artefakt ist ein Vorgehensmodell zur Implementierung von RPA in der Logistik. Im Allgemeinen bezeichnet ein Vorgehensmodell die „modellhafte Darstellung der im Rahmen einer Gesamtaufgabe durchzuführenden Aktivitäten" (Appelfeller und Feldmann 2023). Im Hinblick auf

Abb. 3.3 Konzeptmatrix für die Literaturanalyse. (Eigene Darstellung)

Quelle	Implementierung				Vorgehensmodell				Bereich						Peer-reviewed
	Erfolgsfaktoren	Methoden	Fokus Projektmanagement	Strukturiertes Phasenmodell	Initialisierungsphase	Prozessauswahlphase	Pilotphase	Roll-out-Phase	Audit	Controlling	Finanz- und Rechnungswesen	Personalwesen	Logistik / SCM	Produktion	Peer-reviewed
Agaton und Swedberg 2018	x					x	x								
Aguirre und Rodriguez 2017	x	x					x								x
Alberth und Mattern 2017				x		x	x	x				x			x
Anagnoste 2017												x			x
Anagnoste 2018	x	x				x									x
Asatiani und Penttinen 2016															x
Asatiani et al. 2019	x				x	x	x	x			x				x
Asatiani et al. 2020	x				x	x	x	x				x			
Balasundaram und Venkatagiri 2020	x	x				x	x	x			x				x
Bensberg et al. 2021	x					x	x	x							
Bourgouin et al. 2018	x				x						x				x
Camin 2018	x	x	x			x									x
Carden et al. 2019	x	x									x				x
Cernat et al. 2020	x					x					x				x
Choi et al. 2021	x														
Cooper et al. 2019	x					x									x
Eggert und Moulen 2020	x			x			x	x							x
Fernandez und Aman 2018	x			x			x	x							x
Fung 2014	x			x			x	x	x						
Gotthardt et al. 2020	x		x		x	x	x				x				
Hallikainen et al. 2018	x			x	x	x	x								x
Heponiemi 2019	x					x									
Herm et al. 2020	x			x	x	x	x	x							
Hofmann et al. 2021	x			x	x	x	x	x							x
Ilo 2018															
Jalonen 2017	x		x	x	x	x	x								
Jiménez-Ramírez et al. 2019	x			x	x	x	x								
Kanakov und Prokhorov 2020	x									x					
Knauer et al. 2020	x					x	x	x							x
Koch und Fedtke 2020	x	x		x		x					x				
Kokina und Blanchette 2019	x	x		x			x								x
Kyheröinen 2018	x				x		x								
Lacity und Willcocks 2016	x				x	x	x								x
Lacity et al. 2016a	x														
Lacity et al. 2016b	x					x	x	x							x

3.4 Modellierung

Quelle	Implementierung				Vorgehensmodell				Bereich						Peer-reviewed
	Erfolgsfaktoren	Methoden	Fokus Projektmanagement	Strukturiertes Phasenmodell	Initialisierungsphase	Prozessauswahlphase	Pilotphase	Roll-out-Phase	Audit	Controlling	Finanz- und Rechnungswesen	Personalwesen	Logistik / SCM	Produktion	
Lacurezeanu et al. 2020	x					x			x						x
Langmann und Kokina 2021	x	x			x	x					x				
Langmann und Turi 2020	x					x					x				x
Leopold et al. 2018	x					x									
Masó 2018				x		x	x	x							
Moffitt et al. 2018			x			x	x		x						x
Murdoch 2018	x			x		x	x				x				
Myllymäki 2019	x					x	x					x			x
Osman 2019	x					x					x				x
Penttinen et al. 2018						x									x
Pfeiffer und Fettke 2021						x								x	x
Plattfaut et al. 2020						x		x							
Radke et al. 2020				x			x	x						x	
Rutsch und Dibbern 2020a								x							x
Rutsch und Dibbern 2020b								x							
Santos et al. 2020	x					x									
Schmitz et al. 2019	x				x	x				x					x
Seasongood 2016	x							x							
Séguin et al. 2021	x						x	x							x
Siderska 2021	x														
Sigurðardóttir 2018	x			x			x	x				x			
Simek und Sperka 2019		x				x	x	x							x
Smeets et al. 2019	x		x		x	x									
Smeets et al. 2021	x		x		x	x	x								
Syed et al. 2020	x					x	x								
Taulli 2020	x	x				x	x				x				
Van der Aalst 2021	x	x													x
Wanner et al. 2019	x	x			x			x							x
Wewerka et al. 2020	x														x
Willcocks et al. 2015a	x			x											
Willcocks et al. 2015b	x			x	x	x	x	x							
Willcocks et al. 2019	x		x												
Zaharia-Radulescu et al. 2017						x									x

Abb. 3.3 (Fortsetzung)

RPA ist ein Vorgehensmodell zu konzipieren, welches Logistikführungskräften und -prozessexperten als ein standardisierter Leitfaden für die Implementierung dient. Um eine hohe Qualität und Praxisrelevanz des Vorgehensmodells sicherzustellen, werden die Grundsätze ordnungsmäßiger Modellierung (GoM) nach Becker et al. (1995) berücksichtigt. Hierzu zählen primär die Grundsätze der Richtigkeit, Relevanz und Wirtschaftlichkeit, aber auch die Grundsätze der Klarheit, Vergleichbarkeit und des systematischen Aufbaus. Eine kritische Reflexion der Anwendung der GoM erfolgt nach der Vorstellung des Vorgehensmodells in Kap. 6.

Im Hinblick auf die Design- und Entwicklungsphase des DSRP wurden die 17 bestehenden Vorgehensmodelle dekomponiert sowie Gemeinsamkeiten und Abweichungen identifiziert (vgl. Abb. 3.4). Aus den Ergebnissen dieser Synopse wurde ein strukturiertes Vorgehensmodell konstruiert und um logistische Anwendungsfälle und Erfolgsfaktoren erweitert.

3.4 Modellierung

Quelle	Projektaufsatz	Prozessauswahl	Wirtschaftlichkeits-berechnung	Softwareanbieter-auswahl	Prozessdokumentation/-optimierung	Bot-Entwicklung	Pilotvalisierung	Roll-out	Fortlaufende Wartung und Steuerung
Alberth und Mattern 2017	1) Proof of Concept Phase					2) Pilot Phase		3) Leverage Phase	
Hallikainen et al. 2018	1) Pre-Implementation Stage					2) Pilot Implementation Stage		3) Expansion Stage	
Herm et al. 2020	1) Initialization				2) Implementation				(Continuous Cycle)
Ilo 2018		1) RPA Opportunities; 2) Business Case Assessment			3) Process Assessment	4) Development			5) Production Go-Live / Intensive Support; 6) Maintenance
Jiménez-Ramírez et al. 2019		1) Process Selection			2) Process Design; 3) Process Development	4) Bot Deployment	5) Bot Testing		
Kanakov und Prokhorov 2020				2) Assessment of the Impact on the Operating Model	1) Pilot Implementation			3) Implementation / Scaling	
Koch und Feedtke 2020	1) RPA Knowledge Building; 2) Basic Setup					3) Pilot Implementation		4) Rollout	
Kyheröinen 2018	1) Preceding the Project; 2) Conceptualization				3) Execution			4) Termination; 5) Following the Project	
Langmann und Turi 2020				1) Proof-of-Concept				2) Ramp-up; 3) Scale & Institutionalize	3) Scale & Institutionalize; 4) Mature & Innovate
Masó 2018	1) Requirement & Analysis Phase					2) Development Phase	3) Testing Phase		4) Deployment & Governance Phase
Myllymäki 2019		1) Target Process Identification & Description			1) Target Process Identification & Description	2) Minimum Viable Product Development	3) Quality Assurance; 4) Implementation to Production		
Rutschi und Dibbern 2020a		1) Identify Suitable Routines			2) Routine Translation	3) Routine Inscription			
Sigurðardóttir 2018		1) Process Assessment; 2) Business Case				3) Proof of Concept		5) RPA Lifecycle	4) Project Design & Build
Smeets et al. 2019	1) Project Setup	2) Process Selection		3) Provider Selection; 4) Proof of Technique	5) Preliminary Process Optimization	6) Agile Artifact Development	7) Testing	8) Rollout	
Willcocks et al. 2015a		1) Product & Process Evaluation; 2) Project Mobilization				3) Project Design & Build; 4) Initial Launch		5) Ramp up	6) Improvement
Willcocks et al. 2019		1) Generating the Context for RPA			2) RPA Design and Development			3) Putting RPA into Practice	4) Project Design & Build; 5) Maintenance
Zaharia-Radulescu et al. 2017				1) Proof of Concept				2) RPA Assessment; 3) RPA Implementation; 4) Production Rollout	5) Maintenance

Abb. 3.4 Synopse bestehender Vorgehensmodelle. (Eigene Darstellung)

Vorgehensmodell 4

4.1 Überblick

Das entwickelte Vorgehensmodell zur Implementierung von RPA in der Logistik umfasst vier übergeordnete Phasen, die wiederum in Teilphasen untergliedert sind (vgl. Abb. 4.1). Zu den übergeordneten Phasen zählen die Initiierung (vgl. Abschn. 4.2), die Pilotierung (vgl. Abschn. 4.3), die Implementierung (vgl. Abschn. 4.4) und die fortlaufende Steuerung, Wartung und kontinuierliche Verbesserung (vgl. Abschn. 4.5).

Entsprechend den Grundsätzen ordnungsmäßiger Modellierung ist jede Teilphase konsistent in die Komponenten Ziele, Input, Vorgehen, Output, Methoden und Erfolgsfaktoren gegliedert. Eine tabellarische Zusammenfassung dieser Komponenten ist im Anhang zu finden.

4.2 Phase 1: Initiierung

In der ersten Phase erfolgen das Aufsetzen des RPA-Einführungsprojekts (vgl. Abschn. 4.2.1), die Identifizierung logistischer Anwendungsfälle (vgl. Abschn. 4.2.2), die Berechnung der Wirtschaftlichkeit (vgl. Abschn. 4.2.3) und die Auswahl eines geeigneten Softwareanbieters (vgl. Abschn. 4.2.4). Eine zusammenfassende Darstellung wesentlicher Aspekte der nachfolgenden Ausführungen bietet der Anhang.

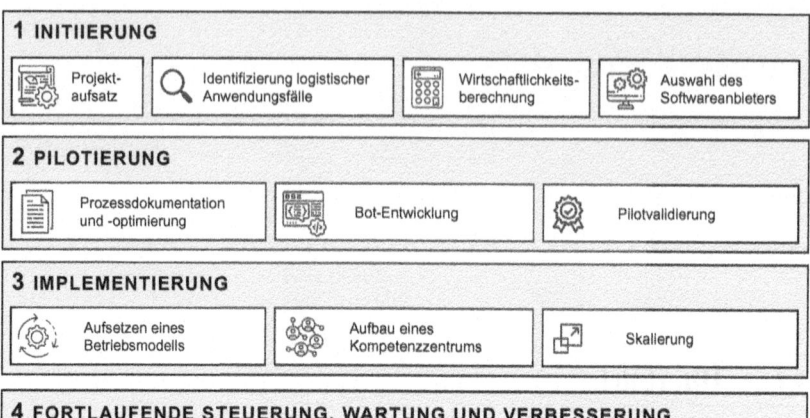

Abb. 4.1 Vorgehensmodell für die RPA-Implementierung. (Eigene Darstellung)

4.2.1 Phase 1.1: Projektaufsatz

Zu Beginn des RPA-Projekts besteht das Ziel zunächst darin, die grundlegenden Projektrichtlinien und -rahmenbedingungen zu definieren, das Projekt zu planen und das Projektteam zusammenzustellen. Hierfür ist initial eine grundlegende Bereitschaft zur Freigabe des benötigten Budgets und der erforderlichen personellen Ressourcen erforderlich.

Konkret sind im Rahmen der Phase 1.1 die übergeordneten Ziele der RPA-Implementierung zu definieren und in die Unternehmensstrategie einzugliedern (vgl. Heponiemi 2019). Zudem erfolgen die Definition des Projekt-Scopes (vgl. Carden et al. 2019) sowie die zeitliche und finanzielle Planung der Projektphasen (vgl. Koch und Fedtke 2020). Darüber hinaus sind die Art und Qualität der Ergebnisdokumente für jede Phase festzulegen. In Bezug auf das Projektteam wird empfohlen, die Anzahl von Projektmitgliedern für die Pilotierungsphase zunächst gering zu halten (vgl. Murdoch 2018). Koch und Fedtke (2020) schlagen vor, folgende drei Rollen zu besetzen: Einen erfahrenen Projektleiter für die Projektsteuerung und Kommunikation, einen IT-affinen Mitarbeiter für die Bot-Entwicklung und einen IT-Infrastrukturexperten für die Einbindung in die Themen der IT-Infrastruktur und -Governance. Zu beachten ist, dass insbesondere der Bot-Entwickler frühzeitig mit dem Aufbau grundlegender RPA-Kompetenzen beginnen sollte (vgl. Willcocks et al. 2019). Anknüpfend an die Zusammenstellung des Projektteams sind Verantwortlichkeiten und Leitlinien für die Zusammenarbeit innerhalb des Teams sowie für die Kommunikation mit Stakeholdern zu definieren (vgl. Koch und Fedtke 2020).

Ein wichtiger Bestandteil der Phase 1.1 ist darüber hinaus der initiale Aufbau eines Risikomanagementsystems. Im Rahmen des Risikomanagements gilt es, Projektrisiken zu analysieren, bewerten und steuern. RPA-Projektrisiken lassen sich im Wesentlichen in die Dimensionen Mensch, Organisation und Technologie untergliedern. Mitarbeiterbezogene Risiken umfassen beispielsweise eine mangelnde Akzeptanz von RPA und mangelnde Kompetenzen für die Entwicklung eines Bots (vgl. Wewerka et al. 2020). Mögliche organisationale Risiken sind ineffiziente Prozesse und eine Fehleinschätzung der tatsächlichen Gesamtkosten einer RPA-Einführung. Aus technologischer Perspektive besteht unter anderem das Risiko, die Anwendbarkeit von RPA unrealistisch einzuschätzen (vgl. Santos et al. 2020). Zudem gehen mit der Einführung von RPA potenziell rechtliche Risiken einher, beispielsweise in Bezug auf das Datenschutzrecht und das Urheberrecht bei Anwendungssoftware. In Abhängigkeit von der Risikobewertung sind im Rahmen des Risikomanagements proaktiv Steuerungsmaßnahmen zu entwickeln. Zur Reduzierung von Akzeptanzrisiken bietet sich beispielsweise die Ausarbeitung eines Change-Management- und Kommunikationsplans an (vgl. Fernandez und Aman 2018).

Zu den Ergebnisdokumenten der Phase 1.1 zählt eine umfassende Dokumentation der zuvor genannten Aktivitäten. Bewährte Methoden der Projektplanung wie beispielsweise Projektstrukturanalysen oder Stakeholder-, Verantwortlichkeits- und Risikomatrizen können beim Projektaufsatz unterstützen. Details hierzu liefern Projektmanagementstandards, beispielsweise der des Project Management Institute (PMI).

Ein zentraler Erfolgsfaktor in Phase 1.1 ist die frühzeitige Einbindung der IT-Abteilung sowie des Datenschutzbeauftragten und des Betriebsrats zur Einhaltung der Datenschutz-Grundverordnung (DSGVO) sowie der geltenden Mitbestimmungsgesetzgebung (vgl. Lacity und Willcocks 2016). Zudem ist sicherzustellen, dass das Management das RPA-Einführungsprojekt primär als ein strategisches Innovationsprojekt versteht und Fehler toleriert (vgl. Willcocks et al. 2019). Für das Vermitteln von RPA-Kompetenzen können initial kostenlose Schulungsangebote genutzt werden, beispielsweise von der *UiPath Academy* oder der *Automation Anywhere University*. Auch bietet sich für die Pilotierung eine hybride Sourcing-Strategie an, in deren Rahmen die Rolle des Bot-Entwicklers mit einer externen Ressource besetzt wird (vgl. Taulli 2020). Ein dauerhaftes Outsourcing der Bot-Entwicklung über die Pilotierung hinaus wird aufgrund der potenziell entstehenden externen Abhängigkeit hingegen nicht empfohlen (vgl. Willcocks et al. 2019).

4.2.2 Phase 1.2: Identifizierung logistischer Anwendungsfälle

Auf den Projektaufsatz folgt die Auswahl eines geeigneten Prozesses für die RPA-Pilotierung. In Anlehnung an die von Wanner et al. (vgl. 2019) und Hofmann et al. (vgl. 2021) vorgeschlagenen Phasenmodelle für die Prozessauswahl besteht das Ziel in Phase 1.2 zunächst darin, logistische Anwendungsfälle zu identifizieren und qualitativ zu bewerten. Die quantitative Bewertung und finale Auswahl erfolgen in der anschließenden Phase 1.3.

Im Allgemeinen sind folgende Prozesskomponenten potenziell für die Anwendung von RPA geeignet: Kopieren und Einfügen von Daten, Dateien und Ordnern; Extrahieren von Daten aus Datenbanken, E-Mails und Websites; Sortieren und Versenden von E-Mails; Einloggen in Anwendungssysteme und Pflege von Stammdaten; Übertragen von Daten zwischen Anwendungssystemen; Durchführen von Berechnungen. Auch IT-Migrationsprojekte können mit RPA teilautomatisiert werden, beispielsweise in Bezug auf die Datenvorbereitung oder die Durchführung von Tests zur Qualitätssicherung (vgl. UiPath 2022). Tab. 4.1 beleuchtet logistische Anwendungsfälle für RPA. Diese wurden gemäß der in Abschn. 2.3.2 vorgestellten horizontalen Systematisierung der Logistik strukturiert.

Für die qualitative Bewertung der identifizierten Logistikprozesse hinsichtlich ihrer Eignung für den RPA-Einsatz bietet sich eine Nutzwertanalyse an. Diese umfasst qualitative Prozessmerkmale, deren Ausprägungen je Prozess auf numerischen Skalen einzustufen sind. Um Unterschiede hinsichtlich der Relevanz der Prozessmerkmale zu berücksichtigen, schlagen Langmann und Turi (vgl. 2020) sowie Plattfaut et al. (vgl. 2020) eine dreistufige Gewichtung der Merkmale vor. Vor diesem Hintergrund wird im Folgenden in Minimalkriterien, Zusatzkriterien und Sonderkriterien untergliedert (vgl. Abb. 4.2).

Minimalkriterien werden in der Nutzwertanalyse dreifach gewichtet. Hierzu zählen der Grad der Regelbasiertheit, der Standardisierungsgrad, die Struktur der Input-Daten und das Transaktionsvolumen. Ein regelbasierter Prozess ist ein Prozess, der sich durch eindeutige „Wenn-Dann"-Regeln in einzelne Aktivitäten untergliedern lässt (vgl. Asatiani und Penttinen 2016). Ein standardisierter Prozess weist darüber hinaus nur wenige Ausnahmen auf (vgl. Murdoch 2018). In Bezug auf die Struktur der Input-Daten ist zu bewerten, inwieweit die zu verarbeitenden Daten maschinell lesbar sind und in einer erwarteten Form und Qualität vorliegen (vgl. Smeets et al. 2019). Das Transaktionsvolumen bemisst die Dauer der Prozessdurchführung und die Prozessfrequenz (vgl. Koch und Stass 2021). Potenziell für

4.2 Phase 1: Initiierung

Tab. 4.1 Logistische Anwendungsfälle für RPA. (In Anlehnung an Krakau et al. 2021, S. 248)

Bereiche	Logistische Anwendungsfälle	Quellen
Beschaffungs-logistik	Liefermengenabweichungen akzeptieren Lieferantenunterlagen vorprüfen Vertragsdokumente auswerten und aktualisieren Material- und Lieferantenstammdaten anlegen Preise analysieren/vergleichen Interne Beschaffungsberechtigungen prüfen Wechselkurse aktualisieren Reklamationsprozesse durch E-Mail-Bearbeitung initiieren Kennzahlen zur Lieferantenbeurteilung auswerten und darstellen Prognosen zur Nachfrageplanung erstellen	Agaton und Swedberg 2018 Czarnecki und Auth 2018 Feld et al. 2017 Heponiemi 2019 Madakam et al. 2019 NTT DATA 2018
Produktions- & Lagerlogistik	Stücklisten erstellen Stücklistensysteme verwalten Benachrichtigungen bei Stücklistenänderungen versenden Neue Aufträge in die Produktionsprogrammplanung einpflegen Alternative Plan-Produktionsprogramme erstellen Sensordaten in strukturierte Datenbanken übertragen Lagerbestände mit Kundenbestellungen abgleichen Benachrichtigung bei Unterschreitung eines definierten Lagerbestands versenden Sicherheitsbestände im ERP-System anpassen Inventurmanagement unterstützen	Koch und Fedtke 2020 Madakam et al. 2019 Scheer 2018 Taulli 2020
Distributions-logistik	Ladelisten generieren Versandstatus an Kunden übermitteln Zollmeldungen erstellen Exportdaten im ERP-System generieren Frachtrechnungen erstellen Transportabwicklung dokumentieren durch Bündelung von Transportdokumenten Auffälligkeiten in der Transportabwicklung identifizieren Retourenaufträge anlegen	Czarnecki und Auth 2018 Heponiemi 2019 Kaya et al. 2019 NTT DATA 2018

Bewertungskriterium		Gewichtung	Bewertung	Teilnutzwert
Minimal-kriterien	Grad der Regelbasiertheit	3		
	Standardisierungsgrad			
	Struktur der Input-Daten			
	Transaktionsvolumen			
Zusatz-kriterien	Prozessstabilität/-reife	2		
	Anteil manueller Tätigkeiten			
Sonder-kriterien	Prozesskomplexität	1		
	Fehleranfälligkeit			
			Gesamtnutzwert	

Abb. 4.2 Nutzwertanalyse zur qualitativen Prozessbewertung. (Eigene Darstellung)

die Automatisierung mit RPA geeignet sind regelbasierte, standardisierte Prozesse mit strukturierten, digitalen Input-Daten und einem hohen Transaktionsvolumen.

Zusatzkriterien werden in der Nutzwertanalyse zweifach gewichtet. Unter Zusatzkriterien werden die Prozessstabilität und -reife sowie der Anteil manueller Tätigkeiten gefasst. Eine hohe Prozessstabilität und -reife deutet darauf hin, dass der Prozessablauf und die involvierten Anwendungssysteme in einem absehbaren Zeitraum keinen größeren Veränderungen unterliegen (vgl. Murdoch 2018). Der Anteil manueller Tätigkeiten gibt an, welcher Anteil eines Gesamtprozesses in Form von Klicks und Eingaben von Mitarbeitern durchgeführt wird (vgl. Koch und Stass 2021). Für den Einsatz von RPA geeignete Prozesse weisen potenziell eine hohe Stabilität und Reife sowie einen hohen Anteil manueller Tätigkeiten auf.

Sonderkriterien werden in der Nutzwertanalyse einfach gewichtet. Hierzu zählen die Prozesskomplexität und die Fehleranfälligkeit. Hinsichtlich der Prozesskomplexität ist zu bewerten, wie viele Verzweigungen und Varianten ein Prozess aufweist (vgl. Koch und Stass 2021). Die Fehleranfälligkeit bezieht sich auf die Häufigkeit von Fehlern bei der manuellen Durchführung eines Prozesses (vgl. Asatiani und Penttinen 2016). Wenngleich für die Pilotimplementierung von RPA ein Prozess mit einer geringen Komplexität empfohlen wird, kann eine hohe Komplexität auch mit einem höheren Transaktionsvolumen und damit mit einer höheren Wirtschaftlichkeit einhergehen. Potenziell für den Einsatz von RPA geeignet sind zudem Prozesse mit einer hohen Fehleranfälligkeit, da in diesen Fällen durch die Automatisierung die Compliance erhöht werden kann.

Zu beachten ist, dass die genannten Kriterien mitunter Überschneidungen aufweisen und nicht vollständig sind. Für eine umfassendere Betrachtung von Prozessmerkmalen sei daher auf die Metaanalyse von Agaton und Swedberg (2018) verwiesen.

Als Output der Phase 1.2 gehen logistische Prozesse hervor, die qualitativ für die Anwendung von RPA geeignet sind. Aus methodischer Perspektive bietet sich für die Identifizierung und qualitative Bewertung logistischer Anwendungsfälle die Durchführung von Workshops, Umfragen und Diskussionen mit den Prozessexperten an (vgl. Herm et al. 2020).

Ein zentraler Erfolgsfaktor in Phase 1.2 besteht darin, bei der Identifizierung von Anwendungsfällen insbesondere auf die Regelbasiertheit und das Transaktionsvolumen zu achten, damit eine erfolgreiche RPA-Implementierung sichergestellt wird und der positive Effekt von RPA deutlich wird (vgl. Hallikainen et al. 2018). Förderlich kann es darüber hinaus sein, im Rahmen der qualitativen Prozessbewertung zu berücksichtigen, inwieweit die entsprechenden Prozessexperten motiviert sind, ihre Erfahrungen mit RPA mit anderen Mitarbeitern zu teilen (vgl. Koch und Fedtke 2020). Ein weiterer Erfolgsfaktor besteht darin, die logistische Prozesslandschaft systematisch zu untergliedern in für die Anwendung von RPA geeignete Prozesse, in für eine Backend-Automatisierung geeignete Prozesse sowie in nicht automatisierbare Prozesse (vgl. Hofmann et al. 2021). Ilo (2018) betont vor diesem Hintergrund, dass bei jedem Prozess hinterfragt werden sollte, ob es besser geeignete Automatisierungsmöglichkeiten als RPA gibt, wie beispielsweise automatisierte Workflows in Enterprise-Resource-Planning (ERP)-Systemen.

4.2.3 Phase 1.3: Wirtschaftlichkeitsberechnung

In Phase 1.3 besteht das Ziel darin, die Wirtschaftlichkeit der Einführung von RPA zur Automatisierung der in Phase 1.2 vorausgewählten logistischen Prozesse zu berechnen. Auf Basis einer kombinierten Betrachtung der qualitativen und quantitativen Bewertung ist dann die Entscheidung zu treffen, ob das RPA-Implementierungsprojekt fortgeführt oder gestoppt werden soll. Zu beachten ist, dass die Wirtschaftlichkeit bei einer positiven Entscheidung nach der Bot-Entwicklung in Phase 2.3 basierend auf den tatsächlichen Lizenz- und Entwicklungskosten validiert werden sollte.

Als Input für die Phase 1.3 dient die in Phase 1.2 durchgeführte Nutzwertanalyse. Um die Wirtschaftlichkeit der RPA-Implementierung zu berechnen, werden quantitative Nutzeffekte und die Gesamtkosten der Automatisierung gegenübergestellt. Zu den quantitativen Nutzeffekten zählen primär die Einsparung von Personal- und Bürokosten sowie die Generierung neuer Einnahmequellen, beispielsweise durch das Angebot von besseren Service Level Agreements (SLA) aufgrund der hohen Verfügbarkeit von RPA-Bots (vgl. Alberth und Mattern 2017). Die Einsparung von Personalkosten berechnet sich dabei durch die Multiplikation der durchschnittlichen Dauer eines Prozessdurchlaufs in Stunden mit der Anzahl der Prozessdurchläufe in einem definierten Zeitraum und den Stundenlöhnen der involvierten Mitarbeiter inklusive der Lohnnebenkosten (vgl. Smeets et al. 2019). Auf die durchschnittliche Dauer eines Prozessdurchlaufs kann zusätzlich noch die Dauer von Nacharbeit bei fehlerhafter Prozessausführung multipliziert mit der prozentualen Fehlerhäufigkeit aufgeschlagen werden.

Hinsichtlich der Berechnung der eingesparten Personalkosten kritisieren Kokina und Blanchette (2019), dass die Bestimmung eines durchschnittlichen Zeiteinsparpotenzials bei einer hohen Prozessvariantenvielfalt mitunter ungenau ist. Matthies und Feldmann (2022) schlagen daher die Anwendung des Time-Driven Activity-Based Costing (TD ABC) vor. Nach Kaplan und Anderson (2007) ist TD ABC eine Form der Prozesskostenrechnung, bei der die exakten Zeitverbräuche der einzelnen Prozessschritte zugrunde gelegt werden. Durch die Anwendung von TD ABC lässt sich somit die Genauigkeit der Wirtschaftlichkeitsbetrachtung erhöhen (vgl. Matthies und Feldmann 2022).

In Bezug auf die Gesamtkosten einer Prozessautomatisierung mit RPA sind verschiedene Komponenten zu berücksichtigen. Hierzu zählen zum einen die initialen Kosten für das Projektmanagement, die Prozessanalyse, die Bot-Entwicklung und das Testen (vgl. Langmann und Turi 2020). Zum anderen sind laufende Kosten für Lizenzen, die Wartung, die Steuerung und die kontinuierliche Verbesserung der RPA-Lösung zu berücksichtigen (vgl. Alberth und Mattern 2017).

Auf Basis einer Gegenüberstellung der Nutzeffekte und Gesamtkosten lassen sich Kennzahlen, wie die Amortisationszeit, der Break-Even-Point (BEP) oder der Return on Investment (RoI) berechnen. Die Amortisationszeit gibt an, ab welchem Zeitpunkt die aus der Automatisierung resultierenden Einsparungen die initialen Fixkosten der Automatisierung übertreffen (vgl. Hofmann et al. 2021). Der BEP beschreibt die Anzahl an Prozessdurchläufen, bei der die Kosten den Erlösen der Automatisierung entsprechen (vgl. Bernecker 1999). Der RoI gibt den Gewinn einer Investition im Verhältnis zur Investitionssumme an (vgl. Murdoch 2018). Die Ergebnisse der quantitativen Wirtschaftlichkeitsberechnung sind abschließend mit den Ergebnissen der qualitativen Nutzwertanalyse zu kombinieren. Darauf aufbauend ist zu entscheiden, mit welchem logistischen Pilotprozess das RPA-Implementierungsprojekt fortgesetzt oder ob das Projekt gestoppt werden soll.

Ein zentraler Erfolgsfaktor in Phase 1.3 besteht darin, quantitative und qualitative Nutzeffekte ganzheitlich zu betrachten sowie sämtliche Kostenkomponenten in die Wirtschaftlichkeitsberechnung einfließen zu lassen. Zudem sollte dem Management verdeutlicht werden, dass die Implementierung einzelner Bots in der Regel lediglich zu einer geringfügigen Freisetzung von zeitlichen Kapazitäten der Mitarbeiter und nicht zu FTE-Einsparungen führt. Ist eine Fortsetzung des RPA-Projekts geplant, so sollte frühzeitig mit der Kommunikation bevorstehender Veränderungen und weiteren Change-Management-Maßnahmen begonnen werden.

4.2.4 Phase 1.4: Auswahl des Softwareanbieters

In Phase 1.4 besteht das Ziel in der Auswahl eines geeigneten RPA-Softwareanbieters. Das nachfolgend erläuterte Vorgehen orientiert sich dabei an dem von Czarnecki und Auth (2018) vorgeschlagenen Auswahlprozessmodell. Dieses umfasst im Wesentlichen die Phasen Anforderungsdefinition, Marktanalyse, Vorauswahl, Detailauswahl und Entscheidung (vgl. Abb. 4.3).

Im Rahmen der ersten Phase werden zunächst grundlegende Anforderungen an die Software definiert. Hieraus sind Kriterien für den Vergleich verschiedener Softwareanbieter abzuleiten und zu gewichten. Diese Kriterien umfassen in der Regel die Gesamtkosten der Software, den Funktionsumfang, die Qualifikationsanforderungen für die Entwicklung von RPA-Bots, die Benutzerfreundlichkeit, den Reifegrad und die Sicherheit der Software, die Unterstützungsangebote und die Reputation des Anbieters sowie sogenannte Next-Generation-Capabilities (vgl.

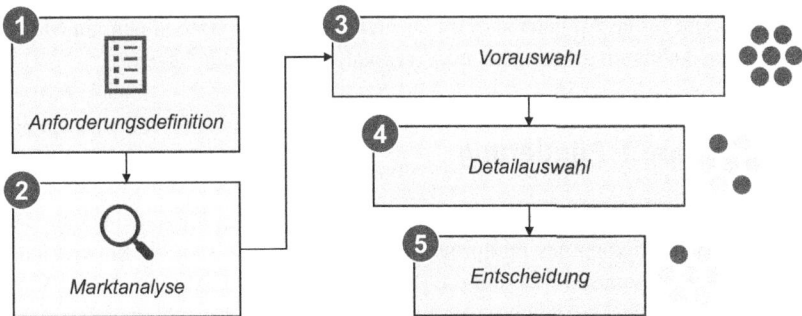

Abb. 4.3 Vorgehen zur Auswahl eines RPA-Softwareanbieters. (In Anlehnung an Czarnecki und Auth 2018, S. 123)

Murdoch 2018; vgl. Willcocks et al. 2019). Unter Next-Generation-Capabilities werden dabei die Fähigkeiten eines RPA-Softwareanbieters verstanden, die Software zukünftig beispielsweise um KI-Funktionalitäten wie Natural Language Processing (NLP) oder Computer Vision (CV) zu erweitern. Für eine Übersicht der KI-Funktionalitäten führender RPA-Softwareanbieter sei auf die Publikation von Ribeiro et al. (vgl. 2021) verwiesen. Eine detaillierte Zusammenstellung allgemeiner Funktionalitäten von RPA-Software bieten Bensberg et al. (2021). In Bezug auf die Kosten und die Sicherheit der Software ist abzuwägen, ob die Softwarelösung lokal auf eigenen Servern installiert (On-Premise) oder über eine Cloud-Umgebung bereitgestellt wird.

Anknüpfend an die Anforderungsdefinition gilt es, sich einen allgemeinen Marktüberblick zu verschaffen (vgl. Abschn. 2.2.5). Die grundlegend identifizierten Anbieter werden anschließend auf Basis der definierten Auswahlkriterien vorselektiert. Methodisch bietet sich hierfür die Durchführung einer Nutzwertanalyse an. In der Phase der Detailauswahl werden die verbleibenden Software-Lösungen detaillierter analysiert. Hierzu können Anbieterpräsentationen angefordert und Preisverhandlungen geführt werden (vgl. Czarnecki und Auth 2018). Die Phase 1.4 endet mit der finalen Auswahl eines spezifischen RPA-Softwareanbieters.

Ein wesentlicher Erfolgsfaktor in Phase 1.4 besteht darin, vorab zur finalen Softwareauswahl Testversionen der Anbieter zu nutzen und sich so mit der Benutzeroberfläche und der Bedienung der Software vertraut zu machen (vgl. Taulli 2020). Gegebenenfalls kann sogar die gesamte Pilotierung von RPA mit einer Testversion erfolgen. Bei der Bewertung der Funktionalitäten verschiedener Softwarealternativen bietet es sich darüber hinaus an, versierte IT-Mitarbeiter einzubeziehen. In Bezug auf den Vertragsabschluss sollte zudem die Rechtsabteilung eingebunden werden. Gleichwohl empfehlen Koch und Fedtke (2020), nicht zu viel Aufwand in die Anbieterauswahl zu investieren, da zwischen den am Markt agierenden Anbietern größtenteils nur marginale Unterschiede liegen.

4.3 Phase 2: Pilotierung

Anknüpfend an die Initiierungsphase erfolgen in der zweiten Phase die Dokumentation und Optimierung des Pilotprozesses (vgl. Abschn. 4.3.1), die Entwicklung des Bots (vgl. Abschn. 4.3.2) und die Pilotvalidierung (vgl. Abschn. 4.3.3). Eine zusammenfassende Darstellung wesentlicher Aspekte der nachfolgenden Ausführungen bietet der Anhang.

4.3.1 Phase 2.1: Prozessdokumentation und -optimierung

In Phase 2.1 besteht das Ziel in Vorbereitung auf die Bot-Entwicklung darin, den im Rahmen der Pilotierung zu automatisierenden Prozess umfassend zu dokumentieren, standardisieren und optimieren. Begonnen wird mit der Prozessdokumentation. Hierbei gilt es, den Prozess vollumfänglich zu verstehen und sämtliche Prozessaktivitäten zu erfassen (vgl. Hallikainen et al. 2018). Zu beachten ist, dass alle potenziell auftretenden Varianten des Prozesses berücksichtigt werden müssen (vgl. Murdoch 2018). Aus methodischer Perspektive bietet sich hierzu die Durchführung von Interviews und Workshops mit den Prozessexperten an. Unterstützend empfiehlt es sich, Bildschirmfotos aufzunehmen und mündlich kommentierte Bildschirmaufzeichnungen durchzuführen (vgl. Smeets et al. 2019). Einige Softwareanbieter bieten darüber hinaus spezifische Funktionalitäten für die Prozessaufnahme „auf Klick-Ebene" an, wie beispielsweise *UiPath Task Capture*.

Das Ergebnis der Dokumentation ist ein sogenanntes Process Definition Document (PDD). Das PDD dient dem RPA-Entwickler im weiteren Verlauf der Pilotierung als Ausgangsbasis für die Bot-Programmierung. Es umfasst eine Beschreibung des Prozesses inklusive der involvierten Anwendungssysteme und Stakeholder (vgl. Koch und Fedtke 2020). Für die Prozessbeschreibung bietet sich die Verwendung etablierter Methoden wie BPMN 2.0 an. Darauf aufbauend sollten sämtliche Prozessaktivitäten detailliert auf Klick-Ebene mit entsprechenden Bildschirmfotos dokumentiert werden. Das PDD wird durch die Prozessexperten geprüft und für die nachfolgende Entwicklung freigegeben.

Bevor mit der Bot-Entwicklung begonnen wird, empfiehlt es sich, den dokumentierten Prozess zu standardisieren und optimieren (vgl. Kokina und Blanchette 2019). Hierbei besteht das vorrangige Ziel darin, die Anzahl von Prozessvarianten und -ausnahmen zu reduzieren. Darüber hinaus kann eine Neuanordnung von Prozessschritten sinnvoll sein; beispielsweise, um zu automatisierende Aktivitäten und Aktivitäten, die nach der Automatisierung nach wie vor von Menschen durchgeführt werden, klar voneinander zu trennen (vgl. Lacity et al. 2016b). Aus methodischer Perspektive können unter anderem Lean und Six Sigma für die Prozessoptimierung eingesetzt werden (vgl. Taulli 2020). Zu beachten ist, dass das PDD nach erfolgter Prozessoptimierung aktualisiert werden muss.

Ein zentraler Erfolgsfaktor in Phase 2.1 besteht darin, die Schnittstellen zwischen manuellen und zu automatisierenden Prozessaktivitäten eindeutig zu definieren (vgl. Hallikainen et al. 2018). Carden et al. (2019) weisen zudem darauf hin, dass ausreichend Zeit für eine detaillierte, hochqualitative Prozessdokumentation eingeplant werden sollte, um im weiteren Verlauf eine reibungslose Bot-

Entwicklung sicherzustellen. Ein weiterer Faktor für eine erfolgreiche Pilotierung besteht darin, bereits frühzeitig die technischen Voraussetzungen für die RPA-Implementierung zu schaffen. Hierzu zählen unter anderem die Beantragung und Einrichtung virtueller User und Zugriffsrechte für die involvierten Anwendungssysteme sowie gegebenenfalls die Vorbereitung der Testsysteme (vgl. Koch und Fedtke 2020). Darüber hinaus empfiehlt es sich, während der Pilotphase kontinuierlich Best Practices und Lessons Learned zu dokumentieren. Diese können in der Skalierungsphase genutzt werden und zukünftige RPA-Implementierungen erleichtern.

4.3.2 Phase 2.2: Bot-Entwicklung

Auf der Grundlage des PDD wird in Phase 2.2 mit der Entwicklung des RPA-Bots begonnen. Konkret besteht das Ziel darin, in der Entwicklungsumgebung der zuvor ausgewählten RPA-Software ein Skript zur automatisierten Durchführung des Pilotprozesses zu entwickeln. Aufgrund der klaren Zielsetzung und den vergleichsweise eindeutigen Arbeitsschritten bei der Programmierung erachten Koch und Fedtke (2020) eine agile Vorgehensweise nicht als erforderlich. Gleichwohl empfiehlt es sich, zunächst ein Minimum Viable Product (MVP) zu entwickeln und den Funktionsumfang dann iterativ zu erhöhen (vgl. Smeets et al. 2019). Insofern bietet sich für die Bot-Entwicklung ein hybrider Ansatz aus Wasserfallmethodik in Verbindung mit agilen Elementen aus Scrum an (vgl. Anagnoste 2018; vgl. Koch und Fedtke 2020).

Wie in Phase 1.1 beschrieben, wird der Pilot-Bot von einem IT-affinen Mitarbeiter oder einem externen Dienstleister entwickelt. Im Hinblick auf die erforderlichen Programmierkenntnisse für die Entwicklung finden sich in der Literatur unterschiedliche Ansichten. Während Knauer et al. (2020) betonen, dass die Bot-Programmierung vielfach direkt durch die Prozessexperten aus der Fachabteilung durchgeführt werden kann, vertreten Cooper et al. (2019) die Auffassung, dass Programmierkenntnisse erforderlich sind. In der Praxis hängt dies unter anderem auch von der Art des zu automatisierenden Prozesses und der ausgewählten Softwarelösung ab. Während grundlegende Funktionalitäten in der Regel durch das Verknüpfen grafischer Elemente programmiert werden können (Low-Code), kann für die Entwicklung individueller Funktionalitäten gegebenenfalls eine textbasierte Programmierung erforderlich sein (Pro-Code). Je nach Art des zu automatisierenden Prozesses ist es daher mitunter sinnvoll, externe Ressourcen mit RPA-Erfahrung damit zu beauftragen, die Bot-Entwicklung durchzuführen oder in beratender Funktion bei Unklarheiten zu unterstützen. Auch lassen sich durch das Einbeziehen einer externen Ressource potenziell die Implementierungsgeschwindigkeit und die Lösungsqualität erhöhen. Auf der anderen Seite bietet die Nutzung einer internen Ressource in der Regel einen Kostenvorteil und es wird RPA-Wissen aufgebaut, welches im Unternehmen verbleibt und für die spätere Wartung und Weiterentwicklung der Lösung genutzt werden kann.

Während der Entwicklung sollten sämtliche Programmierschritte ausführlich dokumentiert werden (vgl. Taulli 2020). Darüber hinaus wird in Phase 2.2 ein sogenanntes Solution Design Document (SDD) aufgesetzt. Während das PDD als eine Art Lastenheft der Fachabteilung betrachtet werden kann, ist das SDD eine Art Pflichtenheft des RPA-Entwicklers. Es umfasst technische Details der Bot-Entwicklung, wie beispielsweise Informationen zu verwendeten Dateien und Variablen (vgl. Koch und Fedtke 2020). Durch die Dokumentation und das SDD wird sichergestellt, dass der Programmcode des Bots zukünftig auch kurzfristig angepasst werden kann, beispielsweise bei einer Veränderung der Benutzeroberflächen eines involvierten Anwendungssystems aufgrund eines Releasewechsels.

Ein wesentlicher Erfolgsfaktor in Phase 2.2 besteht darin, den Pilot-Bot nicht in der Produktivumgebung, sondern in einer separaten Entwicklungs- oder Testumgebung zu programmieren (vgl. Murdoch 2018). Somit wird das Risiko minimiert, während der Entwicklung operative Abläufe zu stören (vgl. Carden et al. 2019). Darüber hinaus wird empfohlen, bei der Bot-Entwicklung pragmatisch vorzugehen und bei Bedarf auch Workarounds zuzulassen (vgl. Koch und Fedtke 2020). Gleichwohl sollte diesbezüglich stets die IT-Abteilung eingebunden werden, um die Einhaltung von Vorschriften und Sicherheitsanforderungen zu gewährleisten (vgl. Wibbenmeyer 2018). Darüber hinaus betonen Langmann und Turi (2020) die Relevanz einer engen Zusammenarbeit mit den Prozessexperten im Rahmen der iterativen Entwicklung. Sinnvoll kann es zudem sein, bei Unklarheiten den Support-Service des Softwareanbieters zu nutzen (vgl. Koch und Fedtke 2020). Einige Softwareanbieter stellen sogar entwickelte Komponenten über eine Plattform zur Verfügung und erleichtern damit die Programmierung (vgl. z. B. UiPath o. J.).

4.3.3 Phase 2.3: Pilotvalidierung

Anknüpfend an die Bot-Entwicklung erfolgt in Phase 2.3 die Pilotvalidierung. Hierbei besteht das Ziel darin, den Pilot-Bot technisch und wirtschaftlich zu validieren und abschließend für den operativen Betrieb freizugeben.

Im Rahmen der technischen Validierung wird auf Basis verschiedener Tests sichergestellt, dass der entwickelte Bot fehlerfrei gemäß den Anforderungen des

Fachbereichs agiert (vgl. Cernat et al. 2020). Hierzu werden Testfälle erstellt, Tests durchgeführt, Fehler dokumentiert und entsprechend Anpassungen des Programmcodes vorgenommen (vgl. Carden et al. 2019). Die Entwicklung der Testfälle erfolgt gemeinsam durch die Prozessexperten und den RPA-Entwickler. Konkret werden hier verschiedene Szenarien konzipiert, die während der automatisierten Prozessdurchführung auftreten könnten (vgl. Koch und Stass 2021). Für die Dokumentation kann eine Excel-Datei genutzt werden.

In Bezug auf die Testdurchführung werden verschiedene Arten von Tests unterschieden. Funktionstests dienen zunächst dazu, zu prüfen, ob der Programmcode die funktionalen Anforderungen erfüllt (vgl. Ilo 2018). Durch Benutzerakzeptanztests (User Acceptance Tests, UAT) wird abschließend geprüft, ob die Prozessexperten mit dem Bot arbeiten können oder ob noch Anpassungswünsche bestehen (vgl. Koch und Fedtke 2020). Je nach Testergebnis werden noch Änderungen des Programmcodes vorgenommen. Hier zeigt sich, dass die technische Validierung eng mit der Bot-Entwicklung verknüpft ist.

Sobald die Prozessexperten den RPA-Bot technisch für die Migration in die Produktivumgebung freigegeben haben, erfolgt die wirtschaftliche Validierung des Bots. Das Ziel dieser Validierung besteht darin, die in Phase 1.3 durchgeführte Wirtschaftlichkeitsberechnung zu überprüfen. Insbesondere Angaben zu den Prozessdurchlaufzeiten und den Bot-Kosten sind hier zu aktualisieren. Wird der Bot-Einsatz nach wie vor als wirtschaftlich erachtet, sollten die Prozessexperten und gegebenenfalls weitere involvierte Mitarbeiter hinsichtlich der Bot-Funktionsweise geschult werden. Dies ist insbesondere bei einem Einsatz von attended Bots relevant.

Ist der RPA-Bot technisch und wirtschaftlich validiert und von den Anwendern akzeptiert, erfolgt die Migration in die Produktivumgebung (vgl. Anagnoste 2018). Zu Beginn wird die automatisierte Prozessdurchführung dabei eng durch die Prozessexperten überwacht. Mit zunehmender Anzahl durchgeführter Prozesse wird die manuelle Überwachung verringert. Die Pilotierung schließt mit einer Präsentation des fehlerfrei agierenden Bots vor den Stakeholdern.

Auch in Phase 2.3 sind diverse Erfolgsfaktoren zu berücksichtigen. In Bezug auf die Testfallentwicklung sollte beachtet werden, dass diese realistisch und repräsentativ sind. Darüber sollte geprüft werden, ob der ausgewählte Softwareanbieter Templates für die Testfallentwicklung und -durchführung bereitstellt (vgl. Cernat et al. 2020). Kyheröinen (2018) hebt zudem die Relevanz der Benutzerakzeptanz und -zufriedenheit hervor. Insbesondere die Benutzerakzeptanz kann aktiv durch einen engen Einbezug und Wertschätzung der Anwender erhöht werden. Nicht zuletzt empfiehlt es sich, in Phase 2.3 eine Übersicht mit prozessspezifischen Kennzahlen wie Durchlaufzeit oder Fehlerhäufigkeit zu erstellen. Diese Übersicht kann im Rahmen der Präsentation des Bots vor den Stakeholdern genutzt werden, um die mit der RPA-Einführung einhergehenden Verbesserungen zu visualisieren.

4.4 Phase 3: Implementierung

Anschließend an die Pilotierung dient die dritte Phase des Vorgehensmodells dazu, RPA nachhaltig in der Organisation zu verankern (vgl. Sobczak 2022, S. 7 f.). Hierzu wird ein standardisiertes Betriebsmodell aufgesetzt (vgl. Abschn. 4.4.1) und ein RPA-Kompetenzzentrum aufgebaut (vgl. Abschn. 4.4.2). Daran anknüpfend erfolgt die Skalierung von RPA in der Organisation (vgl. Abschn. 4.4.3). Für eine zusammenfassende Darstellung der nachfolgenden Ausführungen sei auf den Anhang verwiesen.

4.4.1 Phase 3.1: Aufsetzen eines Betriebsmodells

In Phase 3.1 besteht das Ziel darin, Richtlinien für eine standardisierte Skalierung von RPA auszuarbeiten. Hierdurch wird sichergestellt, dass zukünftige RPA-Implementierungsprojekte effektiv und kosteneffizient umgesetzt werden (vgl. Fernandez und Aman 2018, S. 128). Um die Richtlinien in Form eines Betriebsmodells auszuarbeiten, sind zunächst grundlegende operative, rechtliche und technische Aspekte zu klären (vgl. Gotthardt et al. 2020). Operative Fragestellungen sind beispielsweise: Wie wird die Leistung der Bots überwacht? Wer ist für die Weiterentwicklung der Bots zuständig? Aus rechtlicher Perspektive sind unter anderem folgende Fragestellungen relevant: Welche Prozesse dürfen nicht von Bots durchgeführt werden? Wer haftet für die Aktivitäten der Bots? Welche Zugriffsrechte dürfen die Bots haben? Was darf in Protokolldaten gespeichert werden? Zu den technischen Fragestellungen zählen darüber hinaus: Wie wird die für die automatisierte Prozessdurchführung erforderliche Datenqualität sichergestellt? Wie sind die Bots architektonisch in der Organisation verankert? Wie wird die IT-Sicherheit während der Entwicklung und des Betriebs von Bots sichergestellt?

Da die Auseinandersetzung mit Aspekten wie IT- und Datensicherheit spezifische IT-Kompetenzen erfordert, empfiehlt es sich für die Klärung der technischen Fragestellungen, die IT-Abteilung einzubeziehen (vgl. UiPath 2022). Bei Bedarf sollte darüber hinaus erwogen werden, einen externen Spezialisten für den Bereich IT-Sicherheit zu engagieren (vgl. Carden et al. 2019). Hierdurch können Risiken wie die Offenlegung sensibler Daten oder der Missbrauch von Zugriffsrechten reduziert werden (vgl. Gotthardt et al. 2020).

Aufbauend auf der Auseinandersetzung mit den oben genannten operativen, rechtlichen und technischen Aspekten kann im Folgenden ein Betriebsmodell konzipiert werden. Langmann und Turi (vgl. 2020) unterscheiden dabei verschiedene Arten von Betriebsmodellen. Bei einem zentralen Betriebsmodell erfolgen die allgemeine Koordination von RPA und die Entwicklung von RPA-Bots gebündelt durch eine zentrale Stelle. Im Rahmen eines dezentralen Betriebsmodells werden hingegen dezentrale RPA-Teams für die Koordination und Entwicklung eingesetzt. Um die Vorteile beider Betriebsmodellarten zu verbinden, wird die Ausgestaltung eines hybriden Betriebsmodells empfohlen. Im Rahmen eines solchen hybriden Betriebsmodells wird ein Kompetenzzentrum für zentrale Koordinationsaufgaben, wie die Sicherstellung von Compliance, die Wissensverwaltung und den Wissenstransfer, eingesetzt (vgl. Smeets et al. 2019). Entwicklung und Wartung der Bots erfolgen hingegen durch dezentrale RPA-Teams.

Die Phasen für das Aufsetzen eines hybriden Betriebsmodells orientieren sich in ihren Grundzügen an den ersten beiden Phasen des RPA-Vorgehensmodells. Für die Auswahl eines geeigneten Prozesses wird initial eine RPA-Pipeline aufgesetzt. In dieser RPA-Pipeline werden Prozesskandidaten erfasst und auf Basis der in den Teilphasen 1.2 und 1.3 genannten qualitativen und quantitativen Kriterien priorisiert. Die Erfassung von neuen Prozesskandidaten ist eine kontinuierliche, durch das Kompetenzzentrum zu steuernde Aufgabe. Methodisch bieten sich hierzu Workshops mit den Prozessexperten aus den logistischen Fachabteilungen an. Perspektivisch kann auch Process Mining eingesetzt werden, um regelbasierte, zeitaufwendige und fehleranfällige Prozesse zu identifizieren. Process Mining ist eine Technologie, mit der Prozesse automatisiert auf Basis der Protokolldaten in IT-Systemen rekonstruiert und visualisiert werden können (vgl. Rautenburger und Liebl 2021).

Sobald das Kompetenzzentrum einen Prozesskandidaten für die Automatisierung mit RPA ausgewählt hat, wird ein neues RPA-Teilprojekt aufgesetzt (vgl. Kyheröinen 2018). Die Bot-Entwicklung erfolgt im hybriden Betriebsmodell dezentral. Gleichwohl unterstützt das Kompetenzzentrum bei der Entwicklung (vgl. Abschn. 4.4.2) und überprüft die Einhaltung der zuvor definierten Richtlinien. Nach der Validierung erfolgt die Migration in die Produktivumgebung. Die anschließende Wartung, Steuerung und Kontrolle des Bots erfolgen gemeinsam durch das zentrale Kompetenzzentrum und das dezentrale RPA-Team (vgl. Abschn. 4.5). Wie in Abschn. 4.3.3 beschrieben, nimmt der Aufwand für die Überwachung des Bots mit zunehmender Anzahl von Prozessdurchläufen kontinuierlich ab (vgl. Anagnoste 2018).

Neben operativen, rechtlichen und technischen Aspekten sind auch die sozialen Auswirkungen der mit der Verankerung von RPA in der Organisation einher-

4.4 Phase 3: Implementierung

gehenden Veränderungen zu berücksichtigen. Ein wesentlicher Erfolgsfaktor in Phase 3.1 ist daher die Ausarbeitung eines umfassenden Change-Management-Konzepts. Als Grundlage für dieses Konzept bietet sich das achtstufige Change-Modell von Kotter (2013) an (vgl. Abb. 4.4).

Gemäß diesem Change-Modell ist es zunächst erforderlich, durch die ehrliche Kommunikation der Beweggründe der Organisation ein Gefühl der Notwendigkeit und Dringlichkeit zur Veränderung zu erzeugen (vgl. Langmann und Turi 2020). Zudem sollte die Unterstützung der relevanten Stakeholder sichergestellt werden. Hierzu bedarf es unter anderem des aktiven Einbezugs der Stakeholder in den Veränderungsprozess und der praktischen Demonstration der technischen Funktionsweise und Vorteile von RPA (vgl. Wewerka et al. 2020). Darüber hinaus sind eine klare Vision und eine darauf basierende Strategie für den Wandel zu entwickeln. Die Vision sollte offen kommuniziert und Bedenken und Ängste der Mitarbeiter sollten frühzeitig adressiert werden. Konkret empfiehlt es sich, spezifische RPA-Schulungen anzubieten, um den Mitarbeitern die Möglichkeit zu geben, ihre Kompetenzen zu erweitern und somit von der Veränderung zu profitieren (vgl. Asatiani et al. 2020). Zudem kann es vorteilhaft sein, zunächst RPA-Projekte umzusetzen, die zeitnah abgeschlossen können, sodass kurzfristige Erfolge erzielt werden. Ebenso ist es erforderlich, den Veränderungsprozess kontinuierlich zu hinterfragen und zu verbessern. Nicht zuletzt sollte versucht werden, das Experimentieren mit neuartigen Technologien in der Unternehmenskultur zu verankern.

Ein weiterer Erfolgsfaktor in Phase 3.1 betrifft die Ziele der Einführung von RPA. So empfehlen Smeets et al. (2019), die in Phase 1.1 definierten Ziele zu prüfen und gegebenenfalls zu aktualisieren. Darüber hinaus ist sicherzustellen, dass die während der Pilotierung dokumentierten Best Practices und Lessons Learned in die Erarbeitung der Richtlinien und des Betriebsmodells einfließen. In Bezug auf die Erfassung von Prozesskandidaten in der RPA-Pipeline kann es zudem sinnvoll

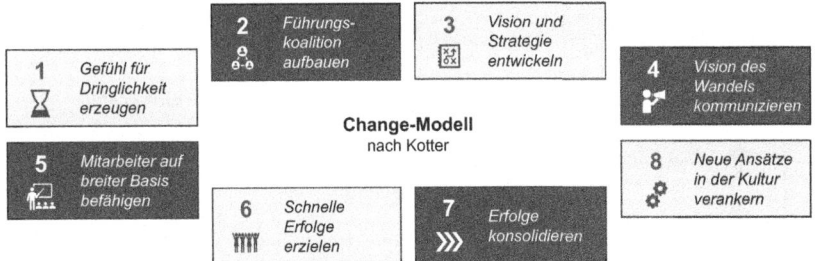

Abb. 4.4 Achtstufiges Change-Modell. (In Anlehnung an Kotter 2013)

sein, ein Belohnungssystem einzuführen, sodass die Mitarbeiter zusätzlich extrinsisch motiviert werden, Automatisierungspotenziale zu identifizieren (vgl. Murdoch 2018).

4.4.2 Phase 3.2: Aufbau eines Kompetenzzentrums

Wie in Abschn. 4.4.1 beschrieben ist für die Umsetzung des hybriden Betriebsmodells eine zentrale RPA-Koordinationseinheit erforderlich. Aus diesem Grund ist das Ziel in Phase 3.2 der Aufbau eines RPA-Kompetenzzentrums. Dieses wird im englischsprachigen Sprachraum auch als Center of Excellence (CoE) bezeichnet. Im Rahmen des Betriebsmodells dient das Kompetenzzentrum unter anderem der Sicherstellung von Compliance sowie dem Wissens- und Lizenzmanagement. Darüber hinaus unterstützt es die dezentrale Bot-Entwicklung, beispielsweise durch die Bereitstellung bereits programmierter Komponenten (vgl. Rutschi und Dibbern 2020b). Hierdurch lässt sich RPA schneller skalieren und es werden Entwicklungskosten eingespart (vgl. Lacity und Willcocks 2016).

Um diese Aufgaben zu erfüllen, umfasst das Kompetenzzentrum typischerweise verschiedene Rollen. Hierzu zählen ein Manager, ein IT-Architekt, ein Controller und ein Trainer sowie ein Prozessanalyst, ein RPA-Entwickler, ein RPA-Tester und gegebenenfalls ein Scrum Master (vgl. Abb. 4.5). Je nach Größe der Organisation und geplantem Skalierungsumfang ist zu beachten, dass eine Person mehrere Rollen ausfüllen kann und eine Rolle umgekehrt auch durch mehrere Personen besetzt werden kann.

Der RPA-Manager leitet das Kompetenzzentrum und verantwortet die Planung und strategische Steuerung der RPA-Projekte (vgl. Koch und Stass 2021). Darüber hinaus kommuniziert er die mit RPA einhergehenden Chancen in der Organisation

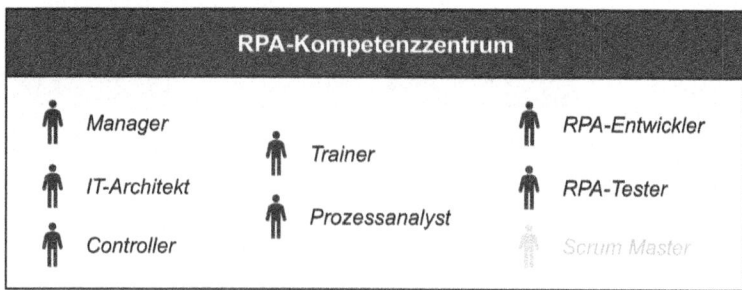

Abb. 4.5 Rollen in einem RPA-Kompetenzzentrum. (Eigene Darstellung)

4.4 Phase 3: Implementierung

(vgl. Anagnoste 2018). Der IT-Architekt übernimmt die Koordination mit der IT-Abteilung und stellt sicher, dass Zugriffsrechte für die erforderlichen Entwicklungs-, Test- und Produktivsysteme bestehen (vgl. Koch und Stass 2021). Zudem prüft er die Einhaltung interner IT-Richtlinien und befasst sich mit der IT-Sicherheit. Darüber hinaus stimmt er zukünftige Releasewechsel von Anwendungssystemen mit der IT-Abteilung ab (vgl. Koch und Fedtke 2020). Der RPA-Controller koordiniert und überwacht den operativen Betrieb der entwickelten Bots (vgl. Willcocks et al. 2019). Er analysiert die Leistung der Bots und leitet Verbesserungsmaßnahmen ab (vgl. Ilo 2018). Detaillierte Informationen zum Aufgabenspektrum des Controllers bietet Abschn. 4.5. Der RPA-Trainer verantwortet den Transfer von RPA-Wissen innerhalb der Organisation. Er führt RPA-Schulungen und -Workshops durch, um die Mitarbeiter für potenzielle Anwendungsbereiche zu sensibilisieren und die Grundlage für die dezentrale Bot-Entwicklung zu schaffen (vgl. Anagnoste 2018).

Der RPA-Wissenstransfer wird außerdem durch die Rollen des Prozessanalysten, RPA-Entwicklers und RPA-Testers sichergestellt. Diese Rollen dienen im hybriden Betriebsmodell primär dazu, bei der dezentralen Entwicklung und Validierung von Bots zu unterstützen sowie fortlaufend Steuerungs-, Wartungs- und Verbesserungsmaßnahmen umzusetzen. Der Prozessanalyst verfügt über Kenntnisse im Workflow-Management, in der Dokumentation und Modellierung von Prozessen sowie in Lean-, Kanban- und Six-Sigma-Methoden (vgl. Taulli 2020). Der RPA-Entwickler hat umfassende Programmier- und Datenbankkenntnisse und fungiert als zentraler Ansprechpartner für die dezentralen Entwicklungsteams bei operativen Fragestellungen (vgl. Koch und Stass 2021). Der RPA-Tester unterstützt bei der Entwicklung von Testfällen und der Testdurchführung (vgl. Willcocks et al. 2019). Wird Scrum als Methode für das agile RPA-Projektmanagement eingesetzt, bietet sich zudem die Besetzung einer Scrum-Master-Rolle an (vgl. Anagnoste 2018).

Kongruent zu Phase 1.1 bietet es sich auch in Phase 3.2 an, Methoden des Projektmanagements anzuwenden, beispielsweise für die Abgrenzung der Aufgabenbereiche und Verantwortlichkeiten der verschiedenen Rollen im Kompetenzzentrum. Ein zentraler Erfolgsfaktor für die Verankerung von RPA in der Organisation besteht zudem in der Auswahl geeigneter Personen zur Besetzung der beschriebenen Rollen (vgl. Fung 2014). So sollte der RPA-Manager beispielsweise über mehrjährige Erfahrung in der Leitung von IT-Projekten verfügen und der IT-Architekt sollte umfassende Kenntnisse im Bereich IT-Sicherheit aufweisen. Empfehlenswert ist es außerdem, dass die Mitglieder des RPA-Pilotierungsteams auch im RPA-Kompetenzzentrum eingesetzt werden (vgl. Balasundaram und Venkatagiri 2020).

4.4.3 Phase 3.3: Skalierung

In Phase 3.3 besteht das Ziel darin, die Implementierung von RPA in der Organisation zu skalieren. Hierzu wird das entwickelte Betriebsmodell unter Beachtung der zuvor definierten Richtlinien operativ umgesetzt. Konkret werden Prozesskandidaten durch das RPA-Kompetenzzentrum geprüft und in der RPA-Pipeline erfasst. Die Prozesskandidaten werden anschließend auf Basis der zuvor beschriebenen qualitativen und quantitativen Kriterien priorisiert. Im Regelfall wird darauf aufbauend der Prozesskandidat mit der höchsten Priorität ausgewählt und es wird ein Automatisierungsprojekt aufgesetzt (vgl. Kyheröinen 2018). Herm et al. (2020) empfehlen dabei, die Komplexität der zu automatisierenden Prozesse sukzessive zu erhöhen, sodass die Teammitglieder des Kompetenzzentrums ihr Verständnis von Möglichkeiten und Grenzen von RPA kontinuierlich verbessern.

Auf die Dokumentation und Optimierung des ausgewählten Prozesses folgt die dezentrale Entwicklung des Bots. Abgeschlossen wird das RPA-Projekt mit der technischen und wirtschaftlichen Validierung und der Migration in die Produktivumgebung. Im Folgenden wird der Bot fortlaufend überwacht und bei Bedarf weiterentwickelt.

Um Lizenzkosten einzusparen, sollte sich das Kompetenzzentrum in der Skalierungsphase auch mit der Minimierung der für die Gesamtheit der automatisierten Prozesse benötigten Anzahl von Bots beschäftigen (vgl. Séguin et al. 2021). So kann durch die Optimierung der Prozessdurchführungszeiten die durchschnittliche Auslastung der Bots verbessert werden. Darüber hinaus sind Maßnahmen des Change-Managements gemäß dem in Abschn. 4.4.1 definierten Change-Konzept umzusetzen.

Ein Erfolgsfaktor in Phase 3.3 besteht darin, erfolgreiche RPA-Implementierungen innerhalb der Organisation zu kommunizieren, um das Interesse an RPA zu steigern und so die Identifizierung neuer Prozesskandidaten zu fördern (vgl. Balasundaram und Venkatagiri 2020). Darüber hinaus sollte während der Skalierung explizit dokumentiert werden, welche Bots auf welche Anwendungssysteme zugreifen, sodass bei einem Releasewechsel ersichtlich ist, welche Bots angepasst werden müssen.

4.5 Phase 4: Fortlaufende Steuerung, Wartung und kontinuierliche Verbesserung

Die vierte Phase des Vorgehensmodells ist als eine fortlaufende Phase zu begreifen, die sich über den gesamten Zeitraum des operativen Bot-Betriebs erstreckt. Das Ziel dieser Phase besteht darin, einen effektiven und reibungslosen Bot-Betrieb

4.5 Phase 4: Fortlaufende Steuerung, Wartung und kontinuierliche Verbesserung

durch Steuerungs-, Wartungs- und kontinuierliche Verbesserungsmaßnahmen sicherzustellen.

In der Anfangsphase des produktiven Bot-Betriebs empfiehlt es sich, die automatisierte Prozessdurchführung vollumfänglich zu überwachen (vgl. Murdoch 2018, S. 56). Diese Überwachung kann dabei direkt durch die entsprechenden Prozessexperten erfolgen (vgl. Knauer et al. 2020, S. 74). Der Umfang der Bot-Überwachung nimmt mit zunehmender Anzahl von Prozessdurchläufen ab.

Im weiteren Verlauf des Bot-Betriebs übernimmt das RPA-Kompetenzzentrum verschiedene Support-Aufgaben. Zum einen sind Veränderungen der automatisierten Prozesse zu berücksichtigen und die Bot-Skripte entsprechend anzupassen (vgl. Koch und Fedtke 2020). Hier kann es mitunter sinnvoll sein, Process Mining einzusetzen, um datenbasiert Prozessveränderungen zu identifizieren. Zum anderen sind Veränderungen der involvierten Anwendungssysteme zu beachten. Diese Veränderungen können von geringfügigen Anpassungen der Benutzeroberflächen bis hin zu ganzheitlichen Software-Releasewechseln reichen. Aus diesem Grund empfiehlt Anagnoste (2018), nach jedem externen Software-Update die Auswirkungen auf den Bot-Betrieb zu prüfen.

Darüber hinaus entwickelt das Kompetenzzentrum in Zusammenarbeit mit den Prozessexperten präventiv sogenannte Business-Continuity-Pläne (vgl. Ilo 2018). Diese Pläne umfassen konkrete Maßnahmen, um bei einem Bot-Ausfall sicherzustellen, dass die automatisierten Prozessaktivitäten trotzdem durchgeführt werden (vgl. Kokina und Blanchette 2019). Im Rahmen der Planung ist dabei zu berücksichtigen, wie erfolgskritisch die verschiedenen Prozesse sind.

Um Transparenz über die Leistung und Fehleranfälligkeit der Bots zu erzeugen, bietet es sich zudem an, Kennzahlen zu entwickeln und messen (vgl. Taulli 2020). Relevante Kennzahlen können beispielsweise die Dauer der Prozessdurchführung, die Fehlerrate beim Bot-Betrieb oder die durchschnittliche Wartungszeit sein. Für die Messung der Kennzahlen können die Protokolldaten der Bots genutzt werden (vgl. Anagnoste 2018). Viele der RPA-Softwareanbieter stellen hierfür ein Dashboard in der Steuerungsumgebung bereit (vgl. Koch und Stass 2021).

Um die Implementierung und den Betrieb von RPA-Bots darüber hinaus kontinuierlich zu verbessern, sollten die involvierten Mitarbeiter nach Optimierungsvorschlägen gefragt werden. Auch ist das in Phase 3.1 entwickelte Betriebsmodell fortlaufend zu überprüfen und gegebenenfalls anzupassen. Langmann und Turi (2020) empfehlen zudem, kontinuierlich eine Erweiterung von RPA um Technologien wie Natural Language Processing oder Computer Vision zu prüfen.

Ein Erfolgsfaktor in Phase 4 besteht darin, sämtliche Veränderungen kontinuierlich zu dokumentieren und die Komponentenbibliothek fortlaufend zu erweitern. Darüber hinaus sind über den gesamten RPA-Lebenszyklus Maßnahmen des Change-Managements umzusetzen.

Validierung 5

5.1 Überblick

Im Folgenden wird die praktische Validierung des Vorgehensmodells bei der *Parador GmbH* dargelegt. Hierzu wird zunächst das Unternehmen vorgestellt (vgl. Abschn. 5.2) und die Ausgangssituation wird konkretisiert (vgl. Abschn. 5.3). Darauf aufbauend wird die Umsetzung der ersten beiden Phasen des Vorgehensmodells bei *Parador* beschrieben (vgl. Abschn. 5.4). Abschn. 5.5 fasst die Erfolgsfaktoren der RPA-Pilotierung zusammen. Abschließend wird in Abschn. 5.6 eine Roadmap vorgestellt, die das Unternehmen bei der erfolgreichen Verankerung von RPA im Unternehmen unterstützt.

5.2 Vorstellung der Parador GmbH

Parador ist ein deutscher Hersteller von Premium-Produkten zur Boden- und Wandgestaltung. Das Unternehmen produziert am Hauptsitz im nordrhein-westfälischen Coesfeld sowie in Güssing in Österreich und beschäftigt derzeit etwa 600 Mitarbeiter. Gegründet wurde *Parador* im Jahr 1977. Der Haupteigentümer des Unternehmens ist seit 2018 die zu der CK Birla Group gehörende HIL Limited, ein indischer Hersteller von Baustoffen und Bauelementen (vgl. Parador o. J.-a). Das Sortiment von *Parador* umfasst verschiedene Boden-, Wand-, Decken- und Zubehörprodukte. Zum Bodensortiment zählen primär Parkett-, Laminat und Vinylprodukte. Für die Wand- und Deckengestaltung produziert *Parador* verschiedene Paneele. Das Zubehörsortiment umfasst beispielsweise Leisten und Pflegeprodukte (vgl. Parador o. J.-a).

Die Produkte werden über verschiedene Vertriebskanäle distribuiert. Zum einen beliefert *Parador* eine Vielzahl von Handelspartnern wie Bodenbelagshändler, Holzfachhändler und Baumärkte. Zum anderen vertreibt *Parador* direkt an Endkunden, sowohl im Namen von Handelspartnern als auch über einen Online-Brand-Store und weitere Online-Marktplätze (vgl. Parador 2021a).

Im Jahr 2021 erzielte *Parador* einen Umsatz von etwa 190 Mio. €. Die Exportquote lag dabei bei über 50 %. Das Unternehmen ist bestrebt, durch die Weiterentwicklung des Geschäftsmodells und die Ausweitung des internationalen Geschäfts weiter zu wachsen (vgl. Parador 2021a). Um die Wachstumsambitionen zu realisieren, wurde unter anderem eine Digital Transformation Roadmap konzipiert, auf welche im nachfolgenden Abschn. 5.3 detaillierter eingegangen wird (vgl. Parador 2021b).

5.3 Ausgangssituation

Um die strategische Bedeutung der Einführung von RPA bei *Parador* zu verdeutlichen, wird im Folgenden die Digital Transformation Roadmap des Unternehmens vorgestellt. Die Digital Transformation Roadmap ist ein ganzheitliches, auf *Parador* zugeschnittenes Konzept zur Digitalisierung der Wertschöpfungskette und des Geschäftsmodells (vgl. Parador 2021b). Methodisch orientiert sich dieses Konzept an dem von Appelfeller und Feldmann (2023) entwickelten Leitfaden zur digitalen Unternehmenstransformation. Zu den zehn Elementen eines digitalen Unternehmens, die innerhalb des Leitfadens unterschieden werden, zählen auch die Geschäftsprozesse. Die Digital Transformation Roadmap umfasst verschiedene Ansatzpunkte zur Digitalisierung und Automatisierung der Geschäftsprozesse. Einen dieser Ansatzpunkte bildet die Implementierung von RPA bei *Parador* (vgl. Parador 2021b).

Hinsichtlich der Einführung von RPA wurde entschieden, mit einer Pilotierung in der Logistik zu beginnen. Der Einführungsprozess orientiert sich dabei an dem in Kap. 4 vorgestellten Vorgehensmodell. Um die Anwendung des Vorgehensmodells bei *Parador* besser einordnen zu können, werden im Folgenden die IT-Systemlandschaft und der Logistikbereich des Unternehmens vorgestellt.

Das führende IT-System bei *Parador* ist das ERP-System von *SAP*, mit welchem die Kernprozesse sowie ein Großteil der Stammdaten integrativ verwaltet werden. Das ERP-System umfasst wiederum verschiedene Komponenten. Eine dieser Komponenten ist das Logistics-Execution-System (LES) für die Abwicklung der Lager- und Versandlogistikprozesse. Das ERP-System weist Schnittstellen zu weiteren IT-Systemen auf. Hierzu zählen unter anderem Systeme für das Product-Information-Management (PIM) und Media-Asset-Management (MAM), das Customer-Relationship-Management (CRM) und das Shop-System. Darüber hinaus nutzt *Parador* ein Business-Intelligence (BI)-System und ein Document-Management-System (DMS). Ergänzend werden diverse weitere Systeme für die Durchführung spezifischer Prozesse eingesetzt, wie beispielsweise das Zollabwicklungssystem von *Beo* im Bereich Export (vgl. Parador o. J.-b, o. J.-c).

Kongruent zum Verständnis von Bretzke (vgl. 2020) wird die Logistik bei *Parador* als ein Teilbereich des SCM betrachtet und ist folglich organisatorisch innerhalb der SCM-Abteilung verankert. Zum Verantwortungsbereich der Logistikmitarbeiter zählen dabei im Wesentlichen die Planung, Steuerung und Überwachung der Wareneingangs-, Lager-, Warenausgangs- und Distributionsprozesse. Neben der Logistik umfasst die SCM-Abteilung unter anderem den Bereich Materialmanagement für die Disposition von Materialien sowie den Bereich Customer Service (vgl. Parador o. J.-d).

5.4 Anwendung des Vorgehensmodells

Im Folgenden wird die Anwendung des Vorgehensmodells zur Implementierung von RPA bei *Parador* beschrieben. Hierzu wird in Abschn. 5.4.1 zunächst die Umsetzung der Initiierungsphase (Phase 1) beleuchtet. Abschn. 5.4.2 thematisiert daran anknüpfend das Vorgehen in der Pilotierungsphase (Phase 2). Für die Umsetzung der Phasen 3 und 4 wird in Abschn. 5.6 eine Roadmap vorgestellt.

5.4.1 Phase 1: Initiierung

In Phase 1.1 bestand das Ziel darin, das RPA-Projekt aufzusetzen und die Implementierung durch eine effektive Planung vorzubereiten. Das Projektkernteam setzte sich zusammen aus dem IT-Leiter von *Parador* und einem Autor dieses Buchs. Während der IT-Leiter die Schaffung der erforderlichen Rahmenbedingungen und die Bereitstellung der IT-Infrastruktur verantwortete, umfasste das Aufgabenspektrum des Autors die operative Durchführung der Phasenbestandteile des Vorgehensmodells.

Zunächst wurde der Scope des RPA-Projekts definiert. Zum Scope der Pilotierung gehörten initial die Automatisierung eines geeigneten Prozesses in der Fachabteilung Logistik, die Bewertung der Automatisierung und die Definition des weiteren Vorgehens zur Verankerung von RPA bei *Parador*. Die Konzipierung eines Betriebsmodells, der Aufbau eines RPA-Kompetenzzentrums und die Betrachtung ergänzender Technologien wie Process Mining oder NLP waren hingegen zunächst kein Bestandteil des RPA-Projekts. Neben dem Scope wurden die Ergebnisdokumente der einzelnen Phasen des Vorgehensmodells zur RPA-Einführung definiert. Darüber hinaus erfolgte die zeitliche Planung des RPA-Projekts. Hierbei wurde für die Initiierungsphase, die Pilotierungsphase und die Konzeption einer Roadmap eine Zeitspanne von zwei Monaten angesetzt.

Zum Abschluss der Phase 1.1 wurden potenzielle Projektrisiken identifiziert und Maßnahmen zur Risikosteuerung abgeleitet. Zu den identifizierten Risiken zählten im Wesentlichen die Fehleinschätzung der Eignung des Pilotprozesses, die zeitliche Verzögerung des Projekts, die geringe Praxiserfahrung in Bezug auf die Bot-Entwicklung und eine mangelnde Bereitschaft zur Unterstützung durch die Mitarbeiter der Fachabteilung Logistik. Um diesen Risiken entgegenzuwirken, wurde unter anderem ein externes RPA-Beratungsunternehmen hinzugezogen. Dieses sollte bei auftretenden Problemen als Ansprechpartner fungieren und durch das Teilen von Best Practices zum Erfolg des RPA-Projekts beitragen.

In Phase 1.2 bestand das Ziel darin, einen geeigneten logistischen Anwendungsfall für die RPA-Pilotierung zu identifizieren. Neben der Berücksichtigung der in Abschn. 4.2.2 erläuterten Minimal-, Zusatz- und Sonderkriterien wurde dabei explizit darauf geachtet, einen Prozess auszuwählen, dessen Automatisierung von den Logistikmitarbeitern als besonders entlastend eingeschätzt wird. Konkret fiel die Auswahl auf den Prozess der Ausfuhranmeldung von zollpflichtiger Exportware bei den zuständigen Zollbehörden. Hierbei werden zunächst Exportdaten im ERP-System generiert und anschließend in die Zollsoftware *Beo* hochgeladen und dort ergänzt. *Beo* ist eine zertifizierte Teilnehmersoftware von ATLAS (Automatisiertes Tarif- und Lokales Zollabwicklungssystem). Abb. 5.1 gibt einen Überblick über den Ablauf des Pilotprozesses. Abb. 5.2 zeigt darüber hinaus eine detaillierte BPMN-Dokumentation des Prozesses.

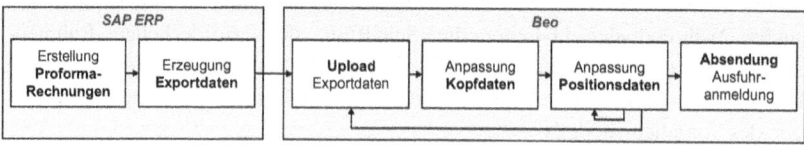

Abb. 5.1 Überblick Pilotprozess. (Eigene Darstellung)

5.4 Anwendung des Vorgehensmodells

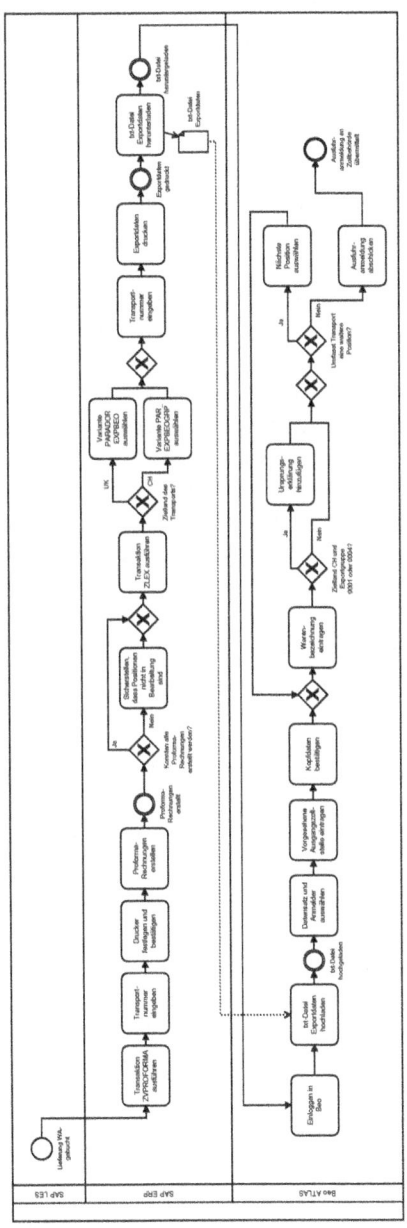

Abb. 5.2 BPMN-Dokumentation Pilotprozess. (Eigene Darstellung)

Gemäß der in Abschn. 2.3.2 vorgestellten Systematisierung ist die Ausfuhranmeldung aus einer vertikalen Organisationsperspektive in der Dispositionsebene und aus einer horizontalen Organisationsperspektive in der Distributionslogistik zu verorten. Der Prozess basiert auf eindeutigen Regeln und strukturierten Input-Daten. Er nimmt etwa fünf Minuten manuelle Bearbeitungszeit in Anspruch und wird bei steigender Tendenz etwa 4000-mal pro Jahr durchgeführt. Um die Prozessvariantenvielfalt gering zu halten, wurden dabei zunächst standardmäßige Ausfuhranmeldungen von Transporten in die Schweiz und nach Großbritannien berücksichtigt. Diese nehmen etwa einen Anteil von 60 % des gesamten Prozessvolumens ein. Zu beachten ist, dass die in diesem Abschnitt genannten Zahlen illustrativ sind und nicht den realen Zahlen bei *Parador* entsprechen.

Anknüpfend an die Prozessauswahl wurde in Phase 1.3 eine initiale Wirtschaftlichkeitsberechnung durchgeführt. Hierbei wurden die Kosten der manuellen und automatisierten Prozessdurchführung unter Berücksichtigung von Implementierungs- und Wartungskosten gegenübergestellt. Die zugrunde liegenden Annahmen, sowie die Berechnung der Amortisationszeit und des BEP sind der nachfolgenden Abb. 5.3 zu entnehmen. Kritisch anzumerken ist, dass die Dauer der manuellen Prozessdurchführung einen groben Durchschnittswert aus einer Reihe von Prozessdurchläufen darstellt. Die tatsächliche Dauer hängt unter anderem von der Erfahrung und Bearbeitungsgeschwindigkeit der durchführenden Person sowie von der konkreten Prozessvariante ab. Die voraussichtliche Amortisationszeit beläuft sich auf etwa 1,6 Jahre. Zu beachten ist gleichwohl, dass diese Berechnung auf der Prämisse einer Vollauslastung des Bots basiert. Eine höhere Aussagekraft liefert daher die Break-Even-Analyse. Gemäß dieser Analyse wird der BEP der RPA-Implementierung erreicht, wenn insgesamt 525 Jahresprozessstunden automatisiert werden. Wenngleich die Berechnungen implizieren, dass die ausschließliche Automatisierung des Ausfuhranmeldungsprozesses nicht wirtschaftlich ist, wurde entschieden, das RPA-Projekt fortzusetzen und als Ausgangspunkt für weitere RPA-Implementierungen zu betrachten.

In Phase 1.4, der Auswahl des Softwareanbieters, bestand die Sondersituation, dass die Gesellschafter von *Parador* aufgrund von positiven Erfahrungen und zur Erzielung von Synergieeffekten die Nutzung der RPA-Software des Anbieters *Automation Anywhere* vorgaben. Auf eine Marktanalyse und Detailauswahl wurde daher verzichtet. Aufgrund der geplanten Zeitspanne von zwei Monaten für das Pilotprojekt konnte die Entwicklung des Pilot-Bots auf Basis einer Testversion der Software durchgeführt werden.

5.4 Anwendung des Vorgehensmodells

Annahmen		
Dauer manuelle Prozessdurchführung	5	Minuten
Dauer automatisierte Prozessdurchführung	3	Minuten
Anzahl automatisierbare Prozessdurchführungen pro Jahr	2400	Prozesse
Stundensatz Mitarbeiter Logistik (inkl. Nebenkosten)	40	Euro
Anzahl Arbeitstage pro Jahr Mitarbeiter Logistik	210	Tage
Anzahl Arbeitsstunden pro Tag Mitarbeiter Logistik	7,5	Stunden
Lizenzkosten pro Bot pro Jahr	9000	Euro
Zeitliche Verfügbarkeit Attended Bot pro Jahr	1575	Stunden
Kalkulatorischer Stundensatz Bot	5,71	Euro
Implementierungskosten	10.000	Euro
Abschreibungsdauer Implementierungskosten	5	Jahre
Wartungskosten pro Jahr	1000	Euro
Prozesskostenrechnung		
Manuelle Prozesskosten pro Jahr	8000	Euro
Automatisierte Prozesskosten pro Jahr	686	Euro
Auslastung Bot	7,62	Prozent
Amortisationsrechnung		
Amortisationszeit (inkl. Wartungskosten)	1,58	Jahre
Break-Even-Analyse Startpaket (2 Bots)		
BEP (Anzahl zu automatisierende Jahresprozessstunden)	525	Stunden
BEP (Anzahl zu automatisierende vergleichbare Prozesse inkl. Implementierungs- und Wartungskosten)	4,17	Prozesse

Abb. 5.3 Wirtschaftlichkeitsberechnung RPA-Pilotierung. (Eigene Darstellung)

5.4.2 Phase 2: Pilotierung

In Phase 2.1 bestand das Ziel darin, die Bot-Entwicklung durch die Dokumentation, Standardisierung und Optimierung des Pilotprozesses vorzubereiten. Zunächst wurde hierzu der Scope des zu automatisierenden Prozesses konkretisiert. Dabei wurde beispielsweise entschieden, dass die eng mit der Ausfuhranmeldung verknüpfte Exportkontrolle kein Bestandteil des Automatisierungsprojekts ist.

Für die Dokumentation wurde der Prozess gemeinsam mit den Prozessexperten mehrmals durchgeführt. Hierbei wurden kommentierte Bildschirmfotos und -videos aufgenommen. Um sämtliche Prozessvarianten zu erfassen, wurden darüber hinaus Interviews mit den Prozessexperten durchgeführt. Darauf aufbauend erfolgte die Erstellung des PDD. Dieses umfasst unter anderem eine BPMN-Prozessübersicht, eine detaillierte Prozessbeschreibung und Informationen zu involvierten Anwendungssystemen, Stakeholdern sowie Input- und Output-Daten. Die externe Beratung unterstützte bei der Erstellung des PDD durch die Bereitstellung verschiedener PDD-Praxisbeispiele.

Um die Schnittstelle zwischen dem Anwender und dem Bot eindeutig zu definieren, wurde der dokumentierte Prozess zudem geringfügig angepasst. Gemäß dieser Anpassung tragen die Anwender die zu bearbeitende Transportnummer, das entsprechende Zielland sowie die vorgesehene Ausgangszollstelle in ein Excel-Dokument ein. Wie von Koch und Fedkte (2020) empfohlen, wurden in Phase 2.1 zudem die technischen Voraussetzungen für die Bot-Entwicklung geschaffen. Hierzu zählte insbesondere die Vorbereitung der Testsysteme sowie die Einrichtung der erforderlichen Zugriffsrechte.

In Phase 2.2, der Entwicklung des Bot-Skripts, entschied sich das Projektteam dazu, zunächst ein lauffähiges MVP zu entwickeln und den Funktionsumfang dann iterativ gemäß den Vorgaben aus dem PDD zu erhöhen. Konkret sollte ein attended Bot programmiert werden, der lokal auf dem Computer der Anwender agiert und somit unmittelbar durch die Anwender kontrollierbar ist. Perspektivisch wurde gleichwohl eine Überführung in den unbeaufsichtigten Betrieb angedacht. Für die Einarbeitung in die RPA-Software wurden kostenlose Schulungsangebote der *Automation Anywhere University* genutzt und Fachbücher zur Bot-Entwicklung studiert.

Aufgrund der sorgfältig ausgearbeiteten Prozessdokumentation nahm die Entwicklung des Pilot-Bots zeitlich weniger als eine Woche in Anspruch. Hierbei wurden verschiedene Entwicklungsbausteine per Drag-and-Drop in der Entwicklungsumgebung der RPA-Software angeordnet (vgl. Abb. 5.4). Wenngleich für die Bot-Entwicklung keine spezifischen Programmierkenntnisse erforderlich waren, erwiesen sich grundsätzliche Kenntnisse in der Nutzung von Variablen und iterativen Elementen als hilfreich. Unterstützungsleistungen der externen Beratung waren in der gesamten Phase 2.2 nicht erforderlich.

Wie in Abb. 5.2 angedeutet, waren im Wesentlichen Prozessschritte im *SAP*-Testsystem und im webbasierten *Beo*-Testsystem zu automatisieren. Für die *SAP*-Automatisierung wurden drei Möglichkeiten identifiziert: Die Aufzeichnung der Prozessschritte mit einer Recorder-Komponente, die Nutzung spezifischer *SAP*-Entwicklungsbausteine und die Ausführung von aufgezeichneten *SAP*-Makros. Die Nutzung der in der RPA-Software zur Verfügung stehenden *SAP*-Entwicklungsbausteine erwies sich als die aufwendigste, aber auch robusteste Op-

5.4 Anwendung des Vorgehensmodells

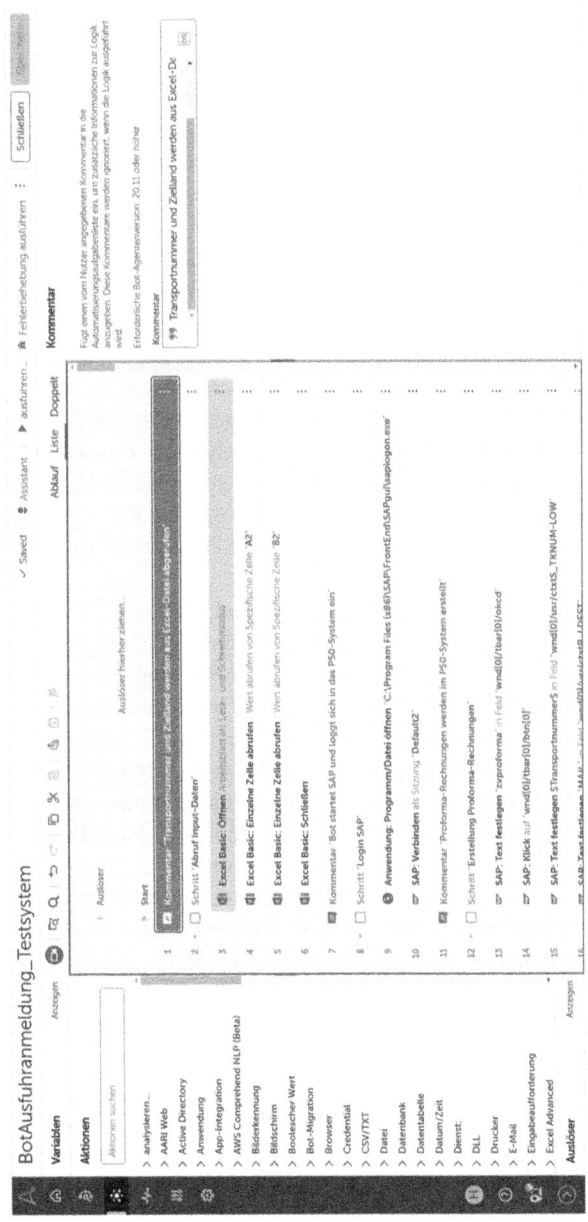

Abb. 5.4 Entwicklungsumgebung Automation Anywhere. (Automation 360)

tion und wurde daher favorisiert. Dies hing primär damit zusammen, dass jede Aktion die Angabe des konkreten *SAP*-Feldpfades erforderte. Aufgrund des Zugriffs auf die Feldpfade war auch die Aktivierung von *SAP*-Scripting notwendig.

Für die Automatisierung der iterativen Prozessschritte im *Beo*-System wurden zunächst Daten aus dem *SAP*-System als Excel-Dateien exportiert. Auf Basis dieser Daten wurde die Anzahl der Iterationen im *Beo*-System determiniert. Für die *Beo*-Automatisierung wurde primär die Recorder-Funktion genutzt. Da einzelne Website-Felder jedoch nicht zuverlässig durch den Recorder erkannt wurden, wurden komplementär Entwicklungsbausteine zur Navigation per Tastatur verwendet. Darüber hinaus wurden vereinzelt zeitliche Verzögerungen programmiert, um der Herausforderung variierender Website-Ladezeiten entgegenzuwirken.

Um das Bot-Skript zukünftig mit geringem Aufwand anpassen zu können, wurden erläuternde Kommentare eingefügt. Abschließend erfolgte in Phase 2.2 zudem die Erstellung des SDD. Dieses umfasst Informationen zu den im Rahmen der Programmierung verwendeten Variablen sowie involvierten Dateien und Systemsitzungen. Da es darüber hinaus herstellerbedingt geringfügige Unterschiede zwischen dem Prozessablauf im *Beo*-Testsystem und *Beo*-Produktivsystem gab, wurden im SDD auch notwendige Anpassungen des Skripts für den Produktivbetrieb spezifiziert.

Zum Abschluss der Pilotierung bestand das Ziel in Phase 2.3 darin, den Pilot-Bot technisch und wirtschaftlich zu validieren und damit die Migration in den Produktivbetrieb vorzubereiten. Die technische Validierung war eng mit der Bot-Entwicklungsphase verbunden. So wurden bereits während der Entwicklung erste Funktionstests durchgeführt. Gleichwohl wurden in Phase 2.3 dediziert repräsentative Testfälle erstellt. Konkret erzeugten die Prozessexperten Transportnummern für verschiedene Transportszenarien. Diese Szenarien unterschieden sich beispielsweise hinsichtlich der Anzahl von Warenempfängern und Positionen sowie der Art der Waren. Die Durchführung der Tests wurde in einer Excel-Datei dokumentiert. Neben der Angabe spezifischer Kennzahlen wie der Durchlaufzeit wurden die auftretenden Fehler beschrieben. Entsprechend vorzunehmende Anpassungen wurden im Bot-Skript umgesetzt oder im SDD vermerkt.

Im Rahmen der wirtschaftlichen Validierung wurden die in Phase 1.3 getroffenen Annahmen geprüft und überarbeitet. Konkret wurden hierbei die Implementierungskosten auf 5000 € korrigiert. Die Amortisationszeit sank hierdurch auf 9,5 Monate und die Anzahl insgesamt zu automatisierender, vergleichbarer Prozesse bis zu einer wirtschaftlichen Nutzung des Startpakets mit zwei Bots sank auf etwa 3,4.

Abschließend wurde der funktionsfähige Pilot-Bot den relevanten Stakeholdern aus den Bereichen Logistik und IT vorgestellt. Im Rahmen dieser Präsentation wurde insbesondere die Benutzerakzeptanz geprüft. Die Anwender zeigten sich dabei sehr zufrieden mit der Funktionsweise und Bearbeitungsgeschwindigkeit des

Pilot-Bots. Unklarheit herrschte lediglich hinsichtlich der Haftung der Anwender bei einem Fehler des Bots im späteren Produktivbetrieb. Die entsprechenden Bedenken wurden umgehend adressiert. Konkret wurde verdeutlicht, dass der Bot sich perspektivisch im Rahmen eines von den Zollbehörden genehmigten Prozesses mit einem eigenen technischen User in das *Beo*-Produktivsystem einloggt und die Anwender lediglich stichprobenartig Kontrollen durchführen. Die Abschlusspräsentation wurde außerdem genutzt, um weitere logistikspezifische Automatisierungspotenziale zu identifizieren.

5.5 Erfolgsfaktoren

Das in diesem Buch erarbeitete Vorgehensmodell mitsamt den aus der Fachliteratur exzerpierten Erfolgsfaktoren erwies sich zusammenfassend als ein valider Leitfaden für die RPA-Projektinitiierung und -Pilotierung. Gleichwohl erbrachte die Validierung bei *Parador* weitere nützliche Erkenntnisse in Bezug auf eine RPA-Einführung im Logistikbereich eines mittelständischen produzierenden Unternehmens. Auf Basis dieser Erkenntnisse werden die Phasen 1 und 2 des Vorgehensmodells im Folgenden um zusätzliche Erfolgsfaktoren erweitert (vgl. Tab. 5.1). Eine ganzheitliche Zusammenfassung aller Komponenten des Vorgehensmodells ist im Anhang zu finden.

Tab. 5.1 Ergänzende Erfolgsfaktoren der RPA-Einführung bei Parador. (Eigene Darstellung)

Phase		Erfolgsfaktor
1.1	Projektaufsatz	IT-Leiter in das Projekt involvieren, um Management-Support und Bereitstellung der IT-Rahmenbedingungen sicherzustellen.
1.2	Identifizierung logistischer Anwendungsfälle	Prozess auswählen, bei dem die Prozessexperten sich dringend eine Automatisierung wünschen, um Commitment und Unterstützungsbereitschaft der Prozessexperten sicherzustellen. Prozess auswählen, bei dem für alle involvierten Produktivsysteme auch entsprechende Entwicklungs- bzw. Testsysteme genutzt werden können. Prozess frühzeitig selbst durchführen, um Regelbasiertheit einschätzen zu können.
1.3	Wirtschaftlichkeitsberechnung	Kalkulatorischer Bot-Stundensatz hat geringe Aussagekraft, stattdessen Break-Even-Auslastung des Bots berechnen.

(Fortsetzung)

Tab. 5.1 (Fortsetzung)

Phase		Erfolgsfaktor
1.4	Auswahl des Softwareanbieters	Eine auf die ausgewählte RPA-Software spezialisierte externe Beratung beauftragen ohne Abrufverpflichtung des Beraterkontingents. Pilotierung mit einer Testlizenz der ausgewählten RPA-Software durchführen; Produktivlizenz erst nach Abschluss der Pilotierung erwerben.
2.1	Prozessdokumentation und -optimierung	Übersicht mit prozessrelevanten Abkürzungen erstellen, die im Unternehmen verwendet werden. Durch fortlaufendes Hinterfragen von Prozessschritten Optimierungspotenziale ableiten und sicherstellen, dass alle Prozessvarianten erfasst werden. Bereitstellung der Testlizenz frühzeitig sicherstellen, um planmäßigen Starttermin der Bot-Entwicklung in der folgenden Teilphase einhalten zu können.
2.2	Bot-Entwicklung	Bei komplexeren Prozessen Sub-Bots für die einzelnen Prozesskomponenten entwickeln, um ein gezielteres Monitoring zu ermöglichen. Für die Eingabe sensibler Login-Daten die separate Credential-Komponente in der RPA-Software nutzen. Prüfen, welche Prozessschritte mit geringem Aufwand direkt im Anwendungssystem automatisiert werden können. Den Bot auf einem leistungsstarken Computer installieren, um bei der Entwicklung sowie im späteren Betrieb Ladezeiten gering zu halten und einen robusten Prozessablauf sicherzustellen. Skalierung des verwendeten Bildschirms auf 100 % einstellen, um die Genauigkeit der Recorder-Komponente in der RPA-Software zu erhöhen.
2.3	Pilotvalidierung	Den Prozessexperten nach der Entwicklung des Pilot-Bots eine Einführung in die Bot-Programmierung geben, um RPA-Kompetenzen im Unternehmen aufzubauen.

5.6 Konzeption einer Roadmap

Zum Abschluss der Validierung wurden *Parador* die folgenden Dokumente übergeben: der Projektaufsatz, das PDD und SDD, das Skript für den Pilot-Bot, die Testprotokolle und die Wirtschaftlichkeitsberechnung für den Pilot-Bot sowie die Lessons Learned der Pilotierung. Um RPA auf Basis dieser Dokumente nachhaltig

5.6 Konzeption einer Roadmap

im Unternehmen zu verankern, stellt der vorliegende Abschnitt eine Roadmap vor. Diese Roadmap baut auf den Phasen 3 und 4 des Vorgehensmodells auf und wurde an die Unternehmensgröße und Digitalisierungsstrategie von *Parador* angepasst. Bevor mit der Implementierungsphase begonnen wird, sind zunächst die Softwarelizenzen bereitzustellen. Hierzu sollten die IT-Verantwortlichen das Zielbild der RPA-IT-Architektur definieren und darauf aufbauend gemeinsam mit der Einkaufsabteilung Verhandlungen mit dem Anbieter *Automation Anywhere* durchführen. Wenngleich die Abschlusspräsentation mit den Stakeholdern in Phase 2.3 bereits das weitere Anwendungspotenzial von RPA bei *Parador* bestätigt hat, bietet es sich mitunter an, vor dem Lizenzkauf eine RPA-Pipeline mit konkreten Anwendungsfällen zu erstellen. Hierzu können systematisch Workshops mit Ansprechpartnern aus den verschiedenen Fachbereichen durchgeführt werden. Im Rahmen der Verhandlungen sollten außerdem die Expertise des Softwareanbieters genutzt und Best Practices für mittelständische Unternehmen in die nachfolgenden Ausführungen eingebunden werden.

In Phase 3.1 besteht das Ziel darin, Richtlinien für eine standardisierte Skalierung von RPA bei *Parador* zu definieren. Hierzu sind zunächst insbesondere rechtliche Fragestellungen zu klären. Konkret ist auszuarbeiten, welche Prozesse im Allgemeinen (nicht) von Bots ausgeführt werden dürfen, wer für die Bots haftet, welche Zugriffsrechte die Bots haben dürfen und welche Informationen in den Bot-Protokolldaten gespeichert werden dürfen. Insbesondere bei einem Cloud-basierten Betrieb der RPA-Software sollte auch das Thema IT-Sicherheit behandelt werden.

Darüber hinaus ist in Phase 3.1 ein Betriebsmodell für die Skalierung von RPA zu konzipieren. Wie in Abschn. 4.4.1 beschrieben, wird in der Fachliteratur grundsätzlich ein hybrides Betriebsmodell empfohlen, welches zentrale und dezentrale Elemente kombiniert. Für ein mittelständisches Unternehmen wie *Parador* bietet es sich gleichwohl an, die RPA-Implementierung stärker zu zentralisieren. Konkret werden allgemeine Koordinationsaufgaben sowie die Entwicklung und Wartung von Bots in einem solchen Betriebsmodell durch ein zentrales RPA-Kompetenzzentrum durchgeführt. Gleichwohl wird in den relevanten Fachbereichen jeweils ein dezentraler RPA-Ansprechpartner festgelegt. Diese Ansprechpartner sind umfangreich in Bezug auf RPA zu schulen und unterstützen bei der Implementierung und dem operativen Betrieb der Bots.

Inhaltlich orientiert sich das Betriebsmodell an den Phasen 1.2, 1.3, 2.1, 2.2 und 2.3 des Vorgehensmodells. Um außerdem die sozialen Auswirkungen der RPA-Implementierung bei *Parador* zu berücksichtigen, ist in Phase 3.1 ein Change-Management-Konzept zu entwickeln. Als Grundlage kann hierfür das in Abschn. 4.4.1 vorgestellte Change-Modell von Kotter (vgl. 2013, S. 31 ff.) dienen.

Dieses thematisiert unter anderem, wie durch geeignete Kommunikation die Akzeptanz von Veränderung erhöht und die Unternehmenskultur weiterentwickelt werden kann.

In der anschließenden Phase 3.2 ist das RPA-Kompetenzzentrum aufzusetzen. Für *Parador* empfiehlt es sich, dieses Kompetenzzentrum organisatorisch als eine Art Stabsstelle in der IT-Abteilung zu verankern. Das Kompetenzzentrum sollte initial zumindest zwei RPA-interessierte Mitarbeiter umfassen, die einen Teil ihrer Kapazität für RPA aufbringen: Einen erfahrenen IT-Mitarbeiter mit Führungskompetenzen, der die Rollen des Managers, IT-Architekts und Controllers ausfüllt sowie einen IT-Mitarbeiter mit Prozessmanagement- und Programmierkenntnissen, der als Prozessanalyst, RPA-Entwickler, RPA-Tester und Trainer fungiert sowie Support-Aufgaben übernimmt. Sobald das Kompetenzzentrum errichtet worden ist, sollten die entsprechenden Mitarbeiter umgehend damit beginnen, RPA-Entwicklungskompetenzen aufzubauen.

In Phase 3.3 gilt es zunächst, den Pilot-Bot in die Produktivumgebung zu migrieren. Daran anknüpfend sind weitere Bots gemäß dem zuvor definierten Betriebsmodell zu entwickeln und steuern. Konkret setzt das Kompetenzzentrum hierzu eine RPA-Pipeline auf und erfasst gemeinsam mit den dezentralen RPA-Ansprechpartnern Prozesskandidaten. Erste Abstimmungen haben bereits potenzielle Prozesskandidaten in den Bereichen Logistik, Customer Service und IT bei *Parador* hervorgebracht. Hierzu zählen beispielsweise die Pflege von Endkundendaten, die Ermittlung und Pflege von Zollwerten und Wechselkursdaten, das Ausfüllen von Frachttabellen, die Übermittlung von individuell formatierten Materialstammdaten, Bestandsdaten, Auftragsdaten, Preisdaten und Konditionen an Kunden sowie die Bearbeitung ausgewählter IT-Tickets. Auch der Abgleich von Stammdaten zwischen dem ERP-, CRM- und PIM-System stellt einen potenziellen Prozesskandidaten dar.

Die Prozesskandidaten sind auf Basis der in Abschn. 4.2.2 und 4.2.3 dargelegten qualitativen und quantitativen Kriterien zu priorisieren. Bei der Prozessauswahl empfiehlt es sich, die Komplexität der zu automatisierenden Prozesse zunächst gering zu halten und dann sukzessive zu erhöhen (vgl. Herm et al. 2020). Sobald ein Automatisierungsprojekt freigegeben worden ist, führt das Kompetenzzentrum in enger Abstimmung mit den dezentralen RPA-Ansprechpartnern und Prozessexperten die Prozessdokumentation, Bot-Entwicklung und Bot-Validierung durch. Um die Bot-Entwicklung zu beschleunigen, sollten häufig verwendete Komponenten, wie das Einloggen in ein Anwendungssystem, in einer zentralen Komponentenbibliothek gespeichert und entsprechend abgerufen werden. Vor dem Go-Live sollten die Anwender darüber hinaus eine grundlegende RPA-Schulung erhalten. Außerdem ist es empfehlenswert, dass sich das Kompetenzzentrum mit der Opti-

5.6 Konzeption einer Roadmap

mierung der benötigten Anzahl von Bots befasst und erfolgreiche RPA-Projekte innerhalb des Unternehmens kommuniziert.

Phase 4 ist abschließend als eine fortlaufende Phase zu betrachten, die sich über den gesamten Zeitraum des operativen Bot-Betriebs erstreckt. In dieser fortlaufenden Phase hat das Kompetenzzentrum durch Steuerungs-, Wartungs- und Verbesserungsmaßnahmen einen effektiven und reibungslosen Bot-Betrieb sicherzustellen. Zu Beginn des produktiven Bot-Betriebs ist die automatisierte Prozessdurchführung umfassend zu überwachen. Hierbei empfiehlt sich eine enge Kooperation mit den RPA-Ansprechpartnern und Prozessexperten. Bei Veränderungen eines Prozesses oder der involvierten Anwendungssysteme verantwortet das Kompetenzzentrum die Anpassung des Bot-Skripts. Weiterhin empfiehlt es sich, die Leistung der implementierten Bots zentral zu überwachen und sich kontinuierlich auch mit einer Erweiterung von RPA um Technologien wie Process Mining, NLP oder CV zu befassen.

Kritische Reflexion 6

Im Folgenden werden das Vorgehen und die Forschungsergebnisse dieses Buchs aus methodischer und inhaltlicher Perspektive kritisch reflektiert. Methodisch orientierte sich die Vorgehensmodellbildung an den sechs Phasen des Design Science Research Process (DSRP) nach Peffers et al. (2007). Die DSRP-Richtlinien nach Hevner et al. (2004) wurden hierbei zwar grundlegend berücksichtigt, allerdings nicht vollumfänglich idealtypisch umgesetzt. Letzteres betrifft insbesondere die Richtlinien der Design-Evaluation, der Forschungsgenauigkeit und der Kommunikation der Forschung.

Gemäß der Richtlinie „Design-Evaluation" sind der Nutzen, die Qualität und die Wirksamkeit des Modells durch eine praktische Anwendung umfassend nachzuweisen (vgl. Hevner et al. 2004). Vorliegend wurden nur die Phasen 1 und 2 des Vorgehensmodells bei einem einzelnen mittelständischen produzierenden Unternehmen umgesetzt. Das wissenschaftliche Gütekriterium der Validität ist somit nur teilweise erfüllt, da die Forschung zwar glaubwürdige Ergebnisse hervorbringt, sich diese Ergebnisse allerdings nicht generalisieren lassen (vgl. Himme 2007).

Die Richtlinie „Forschungsgenauigkeit" besagt, dass die Modellbildung einer stringenten Methodik zu folgen hat (vgl. Hevner et al. 2004). Wenngleich die Synopse der identifizierten Vorgehensmodelle transparent dargestellt wurde, ist zu hinterfragen, ob die Ableitung der Phasenreihenfolge objektiv erfolgt ist und ob bei einer wiederholten Durchführung das gleiche Ergebnis erzielt worden wäre. Insofern sind auch die wissenschaftlichen Kriterien der Objektivität und Reliabilität nur teilweise erfüllt (vgl. Himme 2007). Zudem ist kritisch anzumerken, dass die im Rahmen der Synopse betrachteten Phasenmodelle nicht hinsichtlich ihrer Qualität und Validität gewichtet wurden.

Gemäß der Richtlinie „Kommunikation der Forschung" sollten die Forschungsergebnisse darüber hinaus sowohl Wissenschaftler als auch Praktiker adressieren (vgl. Hevner et al. 2004). Da die Ergebnisse bisher nur Praktikern von *Parador* vorgestellt wurden, ist eine abschließende Bewertung der Einhaltung dieser Richtlinie derzeit nicht möglich.

Neben der Umsetzung der DSRP-Richtlinien ist auch die Durchführung der Literaturrecherche kritisch zu reflektieren. Die Literaturrecherche orientierte sich an der von Vom Brocke et al. (2009) vorgeschlagenen Methodik, wurde allerdings ebenfalls nicht idealtypisch umgesetzt. So wurde der Scope der Recherche lediglich inhaltlich definiert, nicht jedoch durch die Anwendung einer spezifischen Taxonomie konkretisiert. Zudem wurde anknüpfend an die Literatursynthese keine explizite Forschungsagenda aus den gewonnenen Erkenntnissen abgeleitet. Anzumerken ist außerdem, dass die Literaturrecherche und -synthese nur geringfügig zur Erweiterung des aktuellen Forschungsstands beigetragen haben. Der Erkenntnisgewinn resultierte vielmehr aus der Validierung und Anreicherung des Vorgehensmodells um praktische Erfolgsfaktoren.

Kritisch zu hinterfragen ist außerdem die Berücksichtigung der Grundsätze ordnungsmäßiger Modellierung nach Becker et al. (1995). Der Grundsatz der Richtigkeit besagt, dass die modellierte Realwelt im Wesentlichen die tatsächliche Realwelt zu repräsentieren hat. Inwieweit dieser Grundsatz berücksichtigt werden konnte, ist nicht valide bewertbar, da das Vorgehensmodell nur bei einem Unternehmen angewendet wurde. Ergänzend ist gemäß dem Grundsatz der Relevanz darauf zu achten, dass das Modell sämtliche für die Modellierungszwecke erforderlichen Elemente umfasst. Wenngleich die RPA-Pilotierung auf Basis des Vorgehensmodells erfolgreich bei *Parador* durchgeführt werden konnte, ist anzumerken, dass der Detailgrad der Phasenbeschreibungen recht gering ist. So wird beispielsweise keine Unterscheidung nach der Unternehmensbranche oder -größe vorgenommen. Der Grundsatz der Wirtschaftlichkeit gibt darüber hinaus vor, dass der Aufwand der Modellierung in einem angemessenen Verhältnis zum Nutzen des Modells zu stehen hat. Auch hier ist derzeit keine finale Bewertung möglich, da sich der tatsächliche Nutzen der Umsetzung des Vorgehensmodells erst nach der Verankerung von RPA im Unternehmen zeigt. Hinreichend berücksichtigt wurde der Grundsatz der Klarheit, nach dem das Modell verständlich und anschaulich aufzubereiten ist. Hierzu trägt insbesondere die konsistente Struktur der Teilphasen des Vorgehensmodells bei. In ähnlicher Weise wurde sich an dem Grundsatz der Vergleichbarkeit orientiert. Dieser besagt, dass das Modell mit anderen Modellen vergleichbar sein sollte, auch wenn letztere nicht anhand der gleichen Methodik entwickelt wurden. Vorliegend wurde durch die Synopse und die Zuordnung von Erfolgsfaktoren ein Phasenmodell für die RPA-Einführung konzipiert, welches mit

6 Kritische Reflexion

anderen Phasenmodellen für die RPA-Einführung vergleichbar ist. Abschließend gibt der Grundsatz des systematischen Aufbaus vor, dass das Modell verschiedene Teilsichten zusammenzuführen hat. Das entwickelte Vorgehensmodell integriert beispielsweise wirtschaftliche und soziale Perspektiven. Gleichwohl hätte die Betrachtung von Teilsichten ausführlicher und strukturierter vorgenommen werden können.

Ergänzend zur methodischen Reflexion werden im Folgenden ausgewählte inhaltliche Aspekte kritisch beleuchtet. Ein Prozessbereich, der in dem entwickelten Vorgehensmodell zwar erwähnt aber nicht konkretisiert wurde, ist die Auswahl zwischen RPA und anderen Technologien zur Prozessautomatisierung. So sollten sich Praktiker, die eine RPA-Implementierung erwägen, zunächst ganzheitlich mit dem Themenfeld der Prozessautomatisierung befassen. Darüber hinaus ist anzumerken, dass die in Phase 1.2 genannten Kriterien zur Prozessauswahl nicht gänzlich überschneidungsfrei sind. So geht ein hoher Grad der Regelbasiertheit mit geringen kognitiven Anforderungen einher und ein hoher Standardisierungsgrad impliziert eine geringe Prozesskomplexität. Aus diesem Grund sowie aufgrund der Subjektivität der Bewertung ist die Aussagekraft der Nutzwertanalyse zu hinterfragen.

Auch die Aussagekraft der Wirtschaftlichkeitsberechnung und der wirtschaftlichen Validierung in den Phasen 1.3 und 2.3 ist kritisch zu betrachten. So sind qualitative Nutzeffekte wie beispielsweise die Zufriedenheit der Mitarbeiter kaum valide in die Investitionsentscheidung zu inkludieren. Auch die Abschätzung der laufenden Kosten für die Wartung der Bots basiert auf subjektiven Annahmen. Die praktische Durchführung der Bot-Entwicklung bei *Parador* im Rahmen von Phase 2.2 zeigte zudem, dass selbst die RPA-Software des etablierten Anbieters *Automation Anywhere* einzelne Felder auf der Benutzeroberfläche nicht immer präzise erkennt und damit einen robusten Betrieb erschwert. Abschließend ist kritisch anzumerken, dass das entwickelte Vorgehensmodell die Einführung und den Betrieb von RPA beleuchtet, nicht jedoch das Ende des RPA-Lebenszyklus.

Fazit und Ausblick 7

Zusammenfassend weist die Einführung von RPA zur Prozessautomatisierung eine Vielzahl von Nutzeffekten und Chancen auf. Hierzu zählen insbesondere die Erhöhung der Prozessqualität und Mitarbeiterzufriedenheit, die Sicherstellung von Compliance sowie die Erzielung eines schnellen RoI bei einem geringen Implementierungsaufwand. Zu den potenziellen Anwendungsbereichen von RPA zählen unter anderem regelbasierte, digitale Logistikprozesse. Gleichwohl besteht in der Praxis Unklarheit darüber, wie RPA effizient und nachhaltig in der Logistik verankert werden kann. Auch aus einer wissenschaftlichen Perspektive stellt die Validierung eines Vorgehensmodells zur Implementierung von RPA in der Logistik eine Forschungslücke dar. Um Logistikpraktiker zu unterstützen und den Stand der Forschung zu erweitern, lautete die dem Buch übergeordnete Forschungsfrage: Wie sollte ein Vorgehensmodell für die Implementierung von RPA in der Logistik gestaltet sein, um die Einführung unter Berücksichtigung kritischer Erfolgsfaktoren systematisch zu unterstützen?

Zur Beantwortung der Forschungsfrage wurde eine umfassende Literaturrecherche durchgeführt. Die identifizierten Phasenmodelle zur RPA-Einführung wurden gegenübergestellt, um Gemeinsamkeiten und Abweichungen herauszuarbeiten. Auf Basis dieser Synopse und unter Einbezug von Logistikspezifika und Erfolgsfaktoren wurde ein Vorgehensmodell für die RPA-Implementierung entwickelt. Durch die praktische Anwendung bei *Parador* wurde das Modell validiert und es wurden weitere Erfolgsfaktoren abgeleitet. Zusammenfassend beinhaltet das Vorgehensmodell die Phasen Initiierung, Pilotierung, Implementierung sowie fortlaufende Steuerung, Wartung und kontinuierliche Verbesserung. Diese Phasen wurden wiederum in Teilphasen dekomponiert. Das Vorgehensmodell gliedert jede dieser Teilphasen konsistent in die Komponenten Ziele, Input, Vorgehen, Output, Methoden und Erfolgsfaktoren.

Diese Veröffentlichung bietet diverse Ansatzpunkte für weitere Forschung. So kann innerhalb des Vorgehensmodells eine Unterscheidung nach der Unternehmensbranche und -größe vorgenommen werden, beispielsweise in Bezug auf die Art des anzustrebenden Betriebsmodells und die Besetzung und Verankerung des RPA-Kompetenzzentrums. Weiterführend sind rechtliche Aspekte, wie Datenschutz und Haftung, zu beleuchten. Sinnvoll wäre darüber hinaus die Validierung des Modells in weiteren Organisationen. Insbesondere die Phasen 3 und 4 sind mit weiteren praktischen Erfolgsfaktoren anzureichern.

Da RPA zudem nur einen von vielen Bestandteilen des in Abschn. 2.2.3 beschriebenen Trends zur Hyperautomation darstellt, bietet sich eine ganzheitliche Betrachtung verschiedener Automatisierungstechnologien an. Insbesondere durch die Integration von RPA und KI-basierten Technologien wie ML, NLP und CV erweitern sich die Anwendungsbereiche der Prozessautomatisierung. So können potenziell auch Prozesse automatisiert werden, in deren Rahmen unstrukturierte Daten verarbeitet und komplexe, nicht regelbasierte Entscheidungen getroffen werden (vgl. Koch und Fedtke 2020). Eine zunehmende Relevanz dürfte zukünftig auch der Kombination von RPA und Process Mining zukommen. Dies zeigt sich nicht zuletzt an der Akquisitionspolitik der führenden RPA-Softwareanbieter (vgl. van der Aalst 2021). Konkret kann Process Mining unter anderem genutzt werden, um Prozesskandidaten zu identifizieren und eine RPA-Pipeline aufzubauen.

Darüber hinaus sind auch die sozialen Auswirkungen der zunehmenden Prozessautomatisierung zu berücksichtigen. Um diese Auswirkungen positiv zu gestalten, sind präventive und begleitende Change-Management-Maßnahmen erforderlich. Vor diesem Hintergrund ist perspektivisch mitunter die Rolle des Menschen in der Organisation neu zu definieren.

Anhang

Abb. A.1

J. Krakau, C. Feldmann, *Robotic Process Automation (RPA) in der Logistik*, https://doi.org/10.1007/978-3-658-41011-7

	1 Initiierung	
	1.1 Projektaufsatz	**1.2 Identifizierung logistischer Anwendungsfälle**
Ziele	– Definition der grundlegenden Projektrichtlinien (Koch und Fedtke 2020) – Projektplanung – Zusammenstellung des Projektteams und Aufteilung der Zuständigkeiten	– Identifizierung von Anwendungsfällen und Auswahl von Prozessen für die RPA-Pilotimplementierung basierend auf qualitativen Kriterien
Input	– Unterstützung durch Management (Willcocks et al. 2019) – Statement of Work (SOW) – Personelle Ressourcen – Budgetgenehmigung	– Zusammengestelltes Projektteam – Projektplan – Zweck der RPA-Implementierung
Vorgehen	– Zweck / Ziele der RPA-Implementierung definieren (Alberth und Mattern 2017; Kyheröinen 2018) – Ausrichtung an der Unternehmensstrategie sicherstellen (Herm et al. 2020) – Scope des Projekts definieren (Carden et al. 2019) – Zeitplan vorbereiten (Koch and Fedtke 2020) – Risiken bewerten, Projektaufwand berechnen, Qualitätsanforderungen definieren, Kommunikations- und Change-Management-Plan entwickeln – Funktionsübergreifendes Team für die RPA-Implementierung zusammenstellen (Balasundaram und Venkatagiri 2020; Koch und Fedtke 2020; Smeets et al. 2019): RPA-Facilitator (erfahrener Projektleiter), RPA-Experte (IT-affiner Mitarbeiter mit RPA-Entwicklungs-kompetenz) und IT-Infrastrukturexperte (Mitarbeiter mit breitem Netzwerk innerhalb der IT-Abteilungen) – Leitlinien für die Zusammenarbeit im Projekt festlegen (Koch und Fedtke 2020) – Grundlegende RPA-Kompetenzen entwickeln (Willcocks et al. 2019) – Projektcharta vorbereiten (Carden et al. 2019)	*Allgemeine Logistik-Anwendungsfälle identifizieren und Überblick über die Prozesslandschaft verschaffen* (Alberth und Mattern 2017) *Anwendungsfälle anhand von qualitativen Prozessmerkmalen in einem Scoring-Modell bewerten* (Herm et al. 2020; Langmann und Turi 2020; Murdoch 2018; Plattfaut et al. 2020) *Minimalkriterien:* – Grad der Regelbasiertheit – Standardisierungsgrad – Struktur der Input-Daten – Transaktionsvolumen *Zusatzkriterien:* – Prozessstabilität/-reife – Anteil manueller Tätigkeiten *Sonderkriterien:* – Prozesskomplexität – Fehleranfälligkeit

Abb. A.1 Detailliertes Vorgehensmodell für die RPA-Implementierung. (Eigene Darstellung)

Anhang

	1 Initiierung	
	1.1 Projektaufsatz	**1.2 Identifizierung logistischer Anwendungsfälle**
Output	– Zweck / Ziele der RPA-Implementierung (Alberth und Mattern 2017) – Projektplan, -umfang, -zeitplan, -risiken, -aufwand, Qualitätsanforderungen, Kommunikation, Change Management – Zusammengestelltes Projektteam mit klaren Rollen und Kompetenzen – Leitlinien für die Zusammenarbeit (Koch und Fedtke 2020) – Projektcharta (Carden et al. 2019)	– Anwendungsfälle / Prozesse für die RPA-Pilotimplementierung (Hallikainen et al. 2018)
Methoden	– Bewährte Methoden zur Projektplanung (z. B. Stakeholderanalyse-Matrix, Projektstrukturanalyse, Verantwortlichkeitsmatrix, Risikowahrscheinlichkeits- und -auswirkungsmatrix)	– Workshops, Umfragen, Diskussionen zur Identifizierung geeigneter Prozesse (Herm et al. 2020) – Scoring-Modell für die Bewertung qualitativer Prozessmerkmale (Langmann und Turi 2020)
Erfolgsfaktoren Literatur	– Unterstützung der Stakeholder und Engagement der Organisation (Management, Mitarbeiter) durch die Vermittlung von Visionen und Vorteilen entwickeln (Willcocks et al. 2019) – Klarheit schaffen über das, was geschehen soll – Stakeholder aktiv beteiligen – RPA-Projekt mit einem schlank organisierten Team angehen (Murdoch 2018) – Toleranz des Managements gegenüber Fehlern und Experimenten mit RPA sicherstellen (Koch und Fedtke 2020) – RPA sollte vom Management als strategische (nicht nur operative) Innovation betrachtet werden (Willcocks et al. 2019) – Frühzeitiger Einbezug der IT-Abteilung, um IT-Sicherheit zu gewährleisten und die IT-Infrastruktur anzupassen (Lacity und Willcocks 2016)	*Besonders relevante Prozessmerkmale für die RPA-Pilotimplementierung:* – Einfachheit des Prozesses (regelbasiert), um eine erfolgreiche Umsetzung sicherzustellen (Hallikainen et al. 2018) – Hohe Motivation des Prozessexperten und Bereitschaft, Erfahrungen an andere Abteilungen weiterzugeben (Koch und Fedtke 2020) – Klare Sichtbarkeit der verbesserten Prozesseffizienz nach der RPA-Implementierung (hohes Volumen), um die Unterstützung des Managements sicherzustellen (Hallikainen et al. 2018) – Logistische Prozesslandschaft systematisch analysieren (Alberth and Mattern 2017) – Prüfen, ob es für bestimmte Prozesse besser geeignete Automatisierungstechnologien als RPA gibt (Ilo 2018)
Erfolgsfaktoren Validierung	– IT-Leiter in das Projekt involvieren, um Management-Support und Bereitstellung der IT-Rahmenbedingungen sicherzustellen	– Prozess auswählen, bei dem die Prozessexperten sich dringend eine Automatisierung wünschen, um Commitment und Unterstützungsbereitschaft der Prozessexperten sicherzustellen – Prozess auswählen, bei dem für alle involvierten Produktivsysteme auch entsprechende Entwicklungs- bzw. Testsysteme genutzt werden können – Prozess frühzeitig selbst durchführen, um Regelbasiertheit einschätzen zu können

Abb. A.1 (Fortsetzung)

	1 Initiierung	
	1.3 Wirtschaftlichkeitsberechnung	**1.4 Auswahl des Softwareanbieters**
Ziele	– Berechnung und Bewertung der Wirtschaftlichkeit für die ausgewählten Anwendungsfälle / Prozesse (Langmann und Turi 2020) – Entscheidung, ob das RPA-Einführungsprojekt fortgesetzt oder gestoppt werden soll	– Auswahl eines geeigneten RPA-Softwareanbieters (Alberth und Mattern 2017)
Input	– Ausgewählte Prozesse für die Pilotimplementierung – Aktuelle Unternehmensstrategie	– Entscheidung, dass das RPA-Implementierungsprojekt auf der Grundlage der Wirtschaftlichkeitsberechnung fortgesetzt werden soll – Kenntnis der grundlegenden Anforderungen an RPA-Software (Murdoch 2018) – Ausgewählter Prozess für die Pilotimplementierung
Vorgehen	*Quantitativen und qualitativen Nutzen berechnen / schätzen* (Agaton und Swedberg 2018; Alberth und Mattern 2017; Murdoch 2018) – Verringerung des Personaleinsatzes (in Euro pro Jahr) – Geringere Bürofläche (in Euro pro Jahr) – Geringere Kosten durch fehlerhafte Bearbeitung (in Euro pro Jahr) – Reduzierte FTE-Overheads (in Euro pro Jahr) – Neue Einnahmequellen durch neue Produkte (in Euro pro Jahr) → z. B. bessere Service Level Agreements durch 24/7- Verfügbarkeit – Verbesserte Mitarbeiterzufriedenheit – Verbesserte Compliance durch Transparenz der Logdaten *Kosten berechnen* (Alberth und Mattern 2017; Murdoch 2018) – Lizenzkosten (in Euro pro Jahr) – Kosten für neue Mitarbeiter zur Implementierung, Kontrolle, Steuerung und Wartung von RPA (in Euro pro Jahr) – Bürokosten für diese Mitarbeiter (in Euro pro Jahr) *Nutzen und Kosten vergleichen* (Alberth und Mattern 2017) *Kombinierte Betrachtung qualitativer und quantitativer Faktoren*	Auswahlprozess (Czarnecki und Auth 2018) – Anforderungsdefinition – Marktanalyse – Vorauswahl – Detailauswahl – Entscheidung *Auswahlkriterien:* (Herm et al. 2020; Murdoch 2018; Taulli 2020; Willcocks et al. 2019) – Software-Kosten – Qualifikationsanforderungen – Unterstützung durch den Anbieter – Reputation des Anbieters – Reifegrad und Sicherheit der Software – Funktionsumfang (z. B. Funktionen zur Ausnahmebehandlung oder zum Testen) – Einfache Handhabung / Benutzerfreundlichkeit – Next-Gen-Capabilitities (z. B. künstliche Intelligenz)

Abb. A.1 (Fortsetzung)

	1 Initiierung	
	1.3 Wirtschaftlichkeitsberechnung	**1.4 Auswahl des Softwareanbieters**
Output	– Berechneter und ausgewerteter Business Case für die ausgewählten Prozesse (Balasundaram und Venkatagiri 2020) – Entscheidung, ob das RPA-Einführungsprojekt fortgesetzt oder gestoppt werden soll	– Angebote verschiedener RPA-Softwareanbieter – Ausgewählter RPA-Softwareanbieter (Alberth und Mattern 2017)
Methoden	– Time-Driven Activity-Based Costing (Kaplan und Anderson 2007; Matthies 2020) – RoI-Berechnung (Herm et al. 2020) – Break-Even-Analyse (Bernecker 1999)	– Scoring-Modell
Erfolgsfaktoren Literatur	– Breite Perspektive auf quantitative und qualitative Dimensionen des Nutzens – Robuste Daten als Input oder gültige Annahmen im Falle von prognostizierten Daten – Bewusstsein, dass RPA kein „Allheilmittel" ist (ein Bot kann Zeiteinsparungen bringen, aber es sind viele Bots notwendig, um FTE-Einsparungen zu erzielen)	– Schnelle Auswahl eines geeigneten Anbieters (nicht zu viel Aufwand in die Anbieterbewertung für die Pilotimplementierung investieren), da alle großen Anbieter auf einem ähnlichen Niveau sind und eine umfassendere Bewertung auch noch nach erfolgreicher RPA-Pilotimplementierung durchgeführt werden kann (Koch und Fedtke 2020) – Testversionen von Anbietern nutzen, um ein Gefühl für den Funktionsumfang der Software zu bekommen (Taulli 2020) – Beauftragung einer externen, auf die RPA-Implementierung spezialisierten Ressource in Betracht ziehen, um RPA-Kenntnisse aufzubauen (Taulli 2020)
Erfolgsfaktoren Validierung	– Kalkulatorischer Bot-Stundensatz hat geringe Aussagekraft, stattdessen Break-Even-Auslastung des Bots berechnen	– Eine auf die ausgewählte RPA-Software spezialisierte externe Beratung beauftragen ohne Abrufverpflichtung des Beraterkontingents – Pilotierung mit einer Testlizenz der ausgewählten RPA-Software durchführen; Produktivlizenz erst nach Abschluss der Pilotierung erwerben

Abb. A.1 (Fortsetzung)

	2 Pilotierung	
	2.1 Prozessdokumentation und -optimierung	2.2 Bot-Entwicklung
Ziele	– Dokumentation, Standardisierung und Optimierung des ausgewählten Prozesses (Alberth und Mattern 2017)	– Iterative Entwicklung eines Bot-Skripts für die Automatisierung des ausgewählten Prozesses (Koch und Fedtke 2020)
Input	– Ausgewählter Prozess für die Pilotimplementierung	– Process Definition Document (Koch und Fedtke 2020)
Vorgehen	*Prozessdokumentation* – Aktivitäten in dem ausgewählten Prozess umfassend verstehen (Key User befragen, manuelle Tätigkeiten einschließlich aller Varianten aufzeichnen, „ungeschriebene Regeln" des Prozesses erfassen) (Hallikainen et al. 2018; Murdoch 2018) – Gesamten Prozess mit Screenshots abbilden (Smeets et al. 2019) – Bildschirmfotos / -videos von jedem Prozessschritt erstellen (inkl. Voiceover) (Murdoch 2018) – Liste mit typischen Bugs und Fehlern erstellen, um eine schnelle Fehlererkennung und -beseitigung zu ermöglichen – Entwurf eines Process Definition Documents (PDD) erstellen mit detaillierter Beschreibung des Prozesses inklusive der involvierten Anwendungssysteme und Stakeholder (Koch und Fedtke 2020) *Prozessstandardisierung* – Daten bereinigen und standardisieren, damit Softwareprogramm die Eingaben erfolgreich interpretieren kann (Alberth und Mattern 2017; Moffitt et al. 2018) *Prozessoptimierung* (Alberth und Mattern 2017; Smeets et al. 2019) – Prozess mit Prozessanforderungen abgleichen – Papier in elektronische Daten überführen – Fehlerfreie Datenflüsse schaffen – Elektronischen Prozess-Trigger zur Auslösung der RPA-Transaktion implementieren – PDD anpassen	– Bot-Skript auf der Grundlage des PDD iterativ entwickeln (Koch und Fedtke 2020) – Funktionsumfang sukzessive erhöhen, beginnend mit einem Minimum Viable Product (MVP) (Smeets et al. 2019) – Tests durchführen und das Bot-Skript entsprechend den Testergebnissen optimieren / debuggen (Kanakov und Prokhorov 2020) – PDD bei Bedarf aktualisieren (Koch und Fedtke 2020) – Solution Design Document (SDD) erstellen mit einer Beschreibung aller technischen Details der Bot-Entwicklung (Koch und Fedtke 2020)

Abb. A.1 (Fortsetzung)

Anhang

	2 Pilotierung	
	2.1 Prozessdokumentation und -optimierung	**2.2 Bot-Entwicklung**
Output	– Process Definition Document (Koch und Fedtke 2020) – Dokumentierte Lessons Learned	– Bot-Skript (Koch und Fedtke 2020) – Solution Design Document (Koch und Fedtke 2020) – Dokumentierte Lessons Learned
Methoden	– Flussdiagramm (Murdoch 2018) – Prozesslandkarte (Murdoch 2018) – Lean, Kanban, Six Sigma (für die Prozessoptimierung) (Taulli 2020) – Process Mining	– Scrum für die agile Entwicklung der Automatisierungslösungen (Anagnoste 2018)
Erfolgsfaktoren Literatur	– Detaillierte und hochwertige Prozessdokumentation ist unerlässlich, um eine nahtlose und gründliche Entwicklung der RPA-Lösung zu gewährleisten (Carden et al. 2019; Willcocks et al. 2019) – Prozessschritte neu anordnen, um eine bessere Unterteilung in menschliche Tätigkeiten (mindful components) und Bot-Tätigkeiten (mindless components) zu erreichen (+ Schnittstellen klar definieren) (Lacity et al. 2016b; Asatiani et al. 2019; Hallikainen et al. 2018) – Bewährte Methoden wie BPMN 2.0 für die Prozessdarstellung verwenden, um die Zusammenarbeit mit den beteiligten (externen) Parteien zu erleichtern – Nutzung von Process Mining zur Unterstützung der Dokumentation – Prüfen, ob eine Automatisierung einzelner Prozessschritte durch bestehende Systemanwendungen (z. B. SAP-Workflow) möglich ist (Langmann und Turi 2020)	– Sämtliche Entwicklungsschritte umfassend dokumentieren / kommentieren (Ilo 2018; Taulli 2020) – Support-Leistungen der RPA-Anbieter nutzen (Koch und Fedtke 2020) – Pragmatisch vorgehen, Workarounds zulassen (aber immer in Absprache mit der IT-Abteilung) (Koch und Fedtke 2020) – Entwicklungsumgebung nutzen, nicht direkt in der Produktivumgebung entwickeln, um eine Unterbrechung des operativen Betriebs zu vermeiden (Smeets et al. 2019; Carden et al. 2019) – Enge Zusammenarbeit mit den Prozessexperten (Langmann und Turi 2020; Cooper et al. 2019) – Einbindung der IT-Abteilung sicherstellen zur Einhaltung von Vorschriften und Sicherheitsanforderungen (Wibbenmeyer 2018)
Erfolgsfaktoren Validierung	– Übersicht mit prozessrelevanten Abkürzungen erstellen, die im Unternehmen verwendet werden – Durch fortlaufendes Hinterfragen von Prozessschritten Optimierungspotenziale ableiten und sicherstellen, dass alle Prozessvarianten erfasst werden – Bereitstellung der Testlizenz frühzeitig sicherstellen, um planmäßigen Starttermin der Bot-Entwicklung in der folgenden Teilphase einhalten zu können	– Bei komplexeren Prozessen Sub-Bots für die einzelnen Prozesskomponenten entwickeln, um ein gezielteres Monitoring zu ermöglichen – Für die Eingabe sensibler Login-Daten die separate Credential-Komponente in der RPA-Software nutzen – Prüfen, welche Prozessschritte mit geringem Aufwand direkt im Anwendungssystem automatisiert werden können – Den Bot auf einem leistungsstarken Computer installieren, um bei der Entwicklung sowie im späteren Betrieb Ladezeiten gering zu halten und einen robusten Prozessablauf sicherzustellen – Skalierung des verwendeten Bildschirms auf 100 % einstellen, um die Genauigkeit der Recorder-Komponente in der RPA-Software zu erhöhen

Abb. A.1 (Fortsetzung)

	2 Pilotierung	3 Implementierung
	2.3 Pilotvalidierung	**3.1 Aufsetzen eines Betriebsmodells**
Ziele	– Technische und wirtschaftliche Pilotvalidierung – Freigabe des entwickelten Bots (Masó 2018)	– Definition von Leitlinien und eines standardisierten Rahmens für die effektive, kosteneffiziente und sichere Implementierung und den Betrieb neuer RPA-Lösungen ohne Stakeholder-Widerstand (Langmann und Turi 2020)
Input	– Bot-Skript – Wirtschaftlichkeitsberechnung	– Dokumentierte Lessons Learned der Pilotimplementierung
Vorgehen	*Technische Validierung* – Test-Design: Testumfang / -verantwortung definieren und Szenarien / Testfälle erstellen (Cernat et al. 2020; Smeets et al. 2019) – Test-Durchführung: Funktionstests, Integrationstest, Benutzerakzeptanztest (Test mit Echtdaten als Voraussetzung für die Migration in die Produktivumgebung) (Ilo 2018; Koch und Fedtke 2020; Masó 2018) – Weitere Entwicklung oder technische Freigabe *Wirtschaftliche Validierung* – Business Case bzw. Rentabilität validieren – KPI-Liste erstellen (z. B. Durchlaufzeit, Fehlerhäufigkeit), um die durch die RPA-Einführung erzielten Verbesserungen zu visualisieren *Akzeptanz des Personals ermitteln und Schulungen anbieten* (insbesondere bei attended RPA) *Pilotfreigabe und Migration in Produktivumgebung* (Masó 2018)	*Standardisiertes Betriebsmodell definieren, einschließlich:* (Anagnoste 2018; Willcocks et al. 2019) – Erstellung einer Demand-Pipeline – Freigabe von RPA-Implementierungsprojekten – RPA-Implementierung – Go-Live in der Produktivumgebung – Laufende Steuerung, Wartung und kontinuierliche Verbesserung *Grundlegende RPA-Governance / Richtlinien festlegen:* (Alberth und Mattern 2017; Langmann und Turi 2020) – Zugriffsrechte für Bots – Restriktionen, welche Prozesse nicht durch RPA automatisiert werden dürfen – Architektonische Verankerung der Bots *Change-Management-Plan auf Basis des 8-stufigen Change-Modells von Kotter erstellen:* (Kotter 2013) – Gefühl der Dringlichkeit und Notwendigkeit von Veränderung schaffen – Unterstützung der relevanten Interessengruppen sicherstellen – Klare Vision / Strategie für den Wandel entwickeln – Vision kommunizieren und Bedenken und Ängste der Mitarbeiter frühzeitig und ehrlich ansprechen – Hindernisse beseitigen, indem die Organisationsstruktur überprüft und Anreize für veränderungsorientiertes Verhalten geschaffen werden – Kurzfristige Erfolge schaffen, indem mit "surefire"-Projekten begonnen wird – Kontinuierliche Verbesserung während des Veränderungsprozesses – Veränderungen in der Unternehmenskultur verankern, indem kontinuierlich Erfolgsgeschichten kommuniziert werden

Abb. A.1 (Fortsetzung)

	2 Pilotierung	3 Implementierung
	2.3 Pilotvalidierung	**3.1 Aufsetzen eines Betriebsmodells**
Output	– Testprotokolle (Ilo 2018) – Freigegebenes Bot-Skript (funktionierender Bot) – Validierter Business Case – KPI-Liste (vor und nach der Automatisierung) – Dokumentierte Lessons Learned	– Standardisiertes Betriebsmodell für die fortlaufende Implementierung von RPA-Lösungen (Langmann und Turi 2020) – Leitlinien für die Zusammenarbeit und Governance (Koch und Fedtke 2020) – Change-Management-Plan (Taulli 2020)
Methoden	– Prototypische Tests in repräsentativen Prozessaktivitäten: Funktionstest, Integrationstest und Benutzerakzeptanztest	– Management of Change (MOC)
Erfolgsfaktoren Literatur	– Prüfen, ob der RPA-Anbieter Templates für Testszenarien anbietet (automatische Testdurchführung, Test-Design noch manuell) (Cernat et al. 2020) – Nutzer einbeziehen (Kyheröinen 2018) – Business Case: Sicherstellen, dass Daten valide /robust sind – Akzeptanz durch die Mitarbeiter vor der endgültigen Freigabe sicherstellen – KPIs orientiert an den Unternehmenszielen und der -strategie vorbereiten, um den Erfolg der RPA-Implementierung zu visualisieren	– RPA-Governance frühzeitig konzipieren (Willcocks et al. 2019; Smeets et al. 2019) – Einhaltung von Datenschutz- und Sicherheitsvorschriften gewährleisten (Smeets et al. 2019; Gotthardt et al. 2020) – Betriebsmodell kommunizieren (Koch und Fedtke 2020)
Erfolgsfaktoren Validierung	– Den Prozessexperten nach der Entwicklung des Pilot-Bots eine Einführung in die Bot-Programmierung geben, um RPA-Kompetenzen im Unternehmen aufzubauen	

Abb. A.1 (Fortsetzung)

	3 Implementierung		4 Fortlaufende Steuerung, Wartung und kont. Verbesserung
	3.2 Aufsetzen eines CoE	3.3 Skalierung	
Ziele	– Einrichtung eines Kompetenzzentrums (Center of Excellence, CoE) mit Verantwortung für RPA-Governance, -Design, -Entwicklung, -Betrieb und -Wartung (Willcocks et al. 2019)	– Standardisierter Einsatz von RPA in großem Maßstab auf der Grundlage der definierten Richtlinien und des Betriebsmodell	– Fortlaufende Steuerung, Wartung, Unterstützung und kontinuierliche Verbesserung der implementierten RPA-Lösungen (Koch und Fedtke 2020) – Störungs-/Fehlervermeidung (Smeets et al. 2019)
Input	– Standardisiertes Betriebsmodell und Leitlinien für die Zusammenarbeit und Governance (Willcocks et al. 2019) – Dokumentierte Lessons Learned der Pilotierung – Pilotierungsteam – Mitarbeiter (Herm et al. 2020)	– Standardisiertes Betriebsmodell für die fortlaufende Implementierung von RPA-Lösungen (Willcocks et al. 2019) – Change-Management-Plan (Taulli 2020) – Dokumentierte Lessons Learned der Pilotierung – CoE-Teamrollen	– Entwickelte und validierte Bots im Einsatz – CoE-Teamrollen
Vorgehen	CoE-Team zusammenstellen: (Willcocks et al. 2019; Anagnoste 2018; Langmann und Turi 2020; Koch und Fedtke 2020) – Manager (CoE-Leiter) – IT-Architekt (Ganzheitliche Unterstützung der RPA-Lösungen, Koordination mit der IT-Abteilung, Einhaltung der IT-Governance) – Controller (Leistungsbewertung, kontinuierliche Verbesserung) – Trainer (RPA-Wissenstransfer) – Prozessanalyst (Prozessauswahl, -dokumentation und -optimierung) – RPA-Entwickler (Design und Entwicklung der Lösungen) – RPA-Tester (Entwicklung von Testfällen, Testdurchführung) – Scrum-Master (agile Entwicklung)	Neue RPA-Lösungen entsprechend dem Betriebsmodell einführen: (Anagnoste 2018; Willcocks et al. 2019) – Anfragen zur RPA-Implementierung auf Basis der Prozessauswahlkriterien prüfen und Demand-Pipeline erstellen (vgl. Phase 1.2) – Wirtschaftlichkeit berechnen und Implementierungsprojekt freigeben (vgl. Phase 1.3) – RPA-Lösung implementieren durch Prozessdokumentation und -optimierung, Entwicklung und Tests sowie technische und wirtschaftliche Validierung (vgl. Phasen 2.1, 2.2, 2.3) – Go-Live der RPA-Lösung in der Produktivumgebung – Fortlaufende Steuerung, Wartung und Verbesserung (vgl. Phase 4) – Veränderungen gemäß dem Change-Management-Plan steuern (Taulli 2020)	– Change-Requests steuern (Koch und Fedtke 2020) – Software-Releases steuern durch Analyse der Auswirkungen auf den Betrieb (Anagnoste 2018) – Service-Desk für Probleme/Bugs bereitstellen – Business-Continuity-Pläne für den Fall der Nichtverfügbarkeit von Bots erstellen (insb. für kritische Prozesse) (Ilo 2018; Smeets et al. 2019) – Bot-Performance messen und überwachen (Taulli 2020) – Verbesserungsmaßnahmen identifizieren und umsetzen (Koch und Fedtke 2020) – Kontinuierlich Standards / Templates entwickeln und überprüfen – Erweiterung von RPA durch Next-Gen-Technologien prüfen (z. B. Natural Language Processing, Optical Character Recognition) (Langmann und Turi 2020)

Abb. A.1 (Fortsetzung)

Anhang

	3 Implementierung		4 Fortlaufende Steuerung, Wartung und kont. Verbesserung
	3.2 Aufsetzen eines CoE	3.3 Skalierung	
Output	– CoE-Team – Buchungsprozesse für die interne Kostenverrechnung	– Demand-Pipeline mit potenziellen RPA-Anwendungsfällen (Balasundaram und Venkatagiri 2020) – Entwickelte und validierte Bots im Einsatz – Erfolgsgeschichten zur RPA-Einführung (Balasundaram und Venkatagiri 2020)	– Service-Desk für Probleme/Bugfixing – Business-Continuity-Pläne (Ilo 2018) – Neue/aktualisierte Standards bzw. Templates für die RPA-Implementierung (Lacity et al. 2016b)
Methoden	– Projektstrukturanalyse – Verantwortlichkeitsmatrix		– PDCA-Zyklus für kontinuierliche Verbesserung
Erfolgsfaktoren	– Organisatorische Trennung zwischen der Entwicklung neuer RPA-Lösungen und der Wartung bestehender RPA-Lösungen sicherstellen (Hallikainen et al. 2018) – Pilotierungsteam zur Schulung neuer Teammitglieder einsetzen (Balasundaram und Venkatagiri 2020) – Kommunikation mit IT-Abteilung zum Austausch von Informationen über künftige Release-Wechsel von Anwendungssystemen (Koch und Fedtke 2020) – Unterstützung durch das Management sicherstellen (Lacity and Willcocks 2016) – Je nach Umfang der Einführung und Unternehmensgröße kann eine Rolle im CoE-Team mit mehreren Ressourcen besetzt werden, oder eine Ressource kann mehrere Rollen übernehmen	– Sicherstellen, dass die Prozessexperten die RPA-Funktionen verstehen, da sie über das erforderliche Fachwissen verfügen (Cooper et al. 2019) – Prozessexperten motivieren, neue Möglichkeiten für die RPA-Implementierung zu identifizieren, indem erfolgreiche Implementierungen vorgestellt und Anreize für den Ideenfindungsprozess geschaffen werden (Balasundaram und Venkatagiri 2020; Murdoch 2018) – Sukzessive die Komplexität der ausgewählten Prozesse erhöhen (Herm et al. 2020) – Erfolgsgeschichten zur RPA-Implementierung dokumentieren und kommunizieren, um das Interesse an RPA im Unternehmen zu stärken (Balasundaram und Venkatagiri 2020) – Zentrale Komponentenbibliothek mit häufig verwendeten RPA-Modulen erstellen und nutzen, um den Entwicklungsaufwand zu reduzieren	– Ständige Überwachung der Bot-Performance in der ersten Phase nach der Implementierung (Knauer et al. 2020; Murdoch 2018) – Vereinbarung treffen, dass die Prozessverantwortlichen sich verpflichten, automatisierte Prozesse manuell durchzuführen, falls der Bot nicht verfügbar ist (Kokina und Blanchette 2019) – Logdaten von Bots speichern, um Transparenz zu schaffen (Anagnoste 2018) – Frühzeitige Kommunikation von Change-Requests und Release-Wechseln sicherstellen – Kontinuierlich Änderungen/Anpassungen dokumentieren

Abb. A.1 (Fortsetzung)

Literatur

Agaton, B., Swedberg, G., 2018. Evaluating and Developing Methods to Assess Business Process Suitability for Robotic Process Automation: A Design Research Approach. Masterthesis, Technische Hochschule Chalmers, Universität Göteborg.

Aguirre, S., Rodriguez, A., 2017. Automation of a Business Process Using Robotic Process Automation (RPA): A Case Study. In: Figueroa-García, J. C., López-Santana, E. R., Villa-Ramírez, J. L., Ferro-Escobar, R. (Hrsg.): Applied Computer Sciences in Engineering: 4th Workshop on Engineering Applications, WEA 2017, Cartagena, Colombia, September 27–29, 2017, Proceedings, S. 65–71. Springer: Cham.

Alberth, M., Mattern, M., 2017. Understanding robotic process automation (RPA). The Capco Institute Journal of Financial Transformation, 46, S. 54–61.

Anagnoste, S., 2017. Robotic Automation Process – The next major revolution in terms of back office operations improvement. Proceedings of the International Conference on Business Excellence, 11(1), S. 676–686.

Anagnoste, S., 2018. Setting Up a Robotic Process Automation Center of Excellence. Management Dynamics in the Knowledge Economy, 6, S. 307–322.

Appelfeller, W., Feldmann, C., 2023. Die digitale Transformation des Unternehmens: Systematischer Leitfaden mit zehn Elementen zur Strukturierung und Reifegradmessung. 2., aktualisierte und wesentlich erweiterte Auflage. Springer Gabler: Berlin.

Asatiani, A., Penttinen, E., 2016. Turning robotic process automation into commercial success – Case OpusCapita. Journal of Information Technology Teaching Cases, 6(2), S. 67–74.

Asatiani, A., Penttinen, E., Rinta-Kahila, T., Salovaara, A., 2019. Implementation of Automation as Distributed Cognition in Knowledge Work Organizations: Six Recommendations for Managers. Proceedings of the 40th International Conference on Information Systems.

Asatiani, A., Penttinen, E., Ruissalo, J., Salovaara, A., 2020. Knowledge Workers' Reactions to a Planned Introduction of Robotic Process Automation – Empirical Evidence from an Accounting Firm. In: Hirschheim, R., Heinzl, A., Dibbern, J. (Hrsg.): Information Systems Outsourcing: The Era of Digital Transformation, S. 413–452. Springer: Berlin, Heidelberg.

Balasundaram, S., Venkatagiri, S., 2020. A structured approach to implementing Robotic Process Automation in HR. Journal of Physics: Conference Series, 1427.

Becker, J., Rosemann, M. and Schütte, R., 1995. Grundsätze ordnungsmäßiger modellierung. Wirtschaftsinformatik, 37(5), S. 435–445.

Bensberg, F., Auth, G., Czarnecki, C., 2021. Finding the perfect RPA match: A criteria-based selection method for RPA solutions. In: Czarnecki, C., Fettke, P. (Hrsg.): Robotic Process Automation: Management, Technology, Applications, S. 47–75. De Gruyter Oldenbourg: Berlin, Boston.

Bernecker, M., 1999. Grundlagen der Betriebswirtschaftslehre. Oldenbourg: München.

Bourgouin, A., Leshob, A., Renard, L., 2018. Towards a Process Analysis Approach to Adopt Robotic Process Automation. Proceedings of the 15th International Conference on e-Business Engineering.

Bräkling, E., Lux, J., Oidtmann, K., 2020. Logistikmanagement: Mit Logistik-Power schnell, schlank und fehlerfrei liefern. Springer Gabler: Wiesbaden.

Bretzke, W.-R., 2020. Logistische Netzwerke. Springer Vieweg: Berlin.

Camin, T., 2018. Roboter im Shared Service Center. Controlling & Management Review, 8/2018, S. 30–37.

Carden, l., Maldonado, T., Brace, C., Myers, M., 2019. Robotics process automation at TECHSERV: An implementation case study. Journal of Information Technology Teaching Cases, 9(2), S. 72–79.

Cernat, A., Staicu, A. N., Stefanescu, A., 2020. Towards Automated Testing of RPA Implementations. Proceedings of the 11th ACM SIGSOFT International Workshop on Automating TEST Case Design, Selection, and Evaluation, S. 21–24.

Choi, D., R'bigui, H., Cho, C., 2021. Candidate Digital Tasks Selection Methodology for Automation with Robotic Process Automation. Sustainability, 13, 8980.

Cooper, L. A., Holderness, D. K., Sorensen, T. L., Wood, D. A., 2019. Robotic Process Automation in Public Accounting. Accounting Horizons, 33(4), S. 15–35.

Czarnecki C., Auth G., 2018. Prozessdigitalisierung durch Robotic Process Automation. In: Barton, T., Müller, C., Seel, C. (Hrsg.): Digitalisierung in Unternehmen. Angewandte Wirtschaftsinformatik, S. 113–131. Springer Vieweg: Wiesbaden.

Czarnecki, C., Fettke, P., 2021. Robotic process automation: Positioning, structuring, and framing the work. In: Czarnecki, C., Fettke, P. (Hrsg.): Robotic Process Automation: Management, Technology, Applications, S. 3–24. De Gruyter Oldenbourg: Berlin, Boston.

Eggert, M., Moulen, T., 2020. Selektion von Geschäftsprozessen zur Anwendung von Robotic Process Automation am Beispiel einer Versicherung. HMD Praxis der Wirtschaftsinformatik, 57, S. 1150–1162.

Enríquez, J. G., Jiménez-Ramírez, A., Domínguez-Mayo, F. J., García-García, J. A., 2020. Robotic Process Automation: A Scientific and Industrial Systematic Mapping Study. IEEE Access, 8, S. 39113–39129.

Literatur

Feld, T., Hilt, B., Homburg, O., Kronz, A., Lehmann, H., Linn, C., Storck, U., Werth, D., Scheer, A.-W., Wittenburg, G., Ziewer, P., 2017. Wie Unternehmen von Robotic Process Automation profitieren: Automate, Predict, Inspect, Assist, Optimize. AWS-Institut für digitale Produkte und Prozesse gGmbH: Saarbrücken.

Feldmann, C. (Hrsg.), 2022: Praxishandbuch Robotic Process Automation (RPA): Von der Prozessanalyse bis zum Betrieb, S. 37–60. Springer Gabler: Wiesbaden.

Feldmann, C., Ziegenbein, R., Damkowski, A., 2021. Automatisierung von Geschäftsprozessen: Ergebnisbericht zur Online-Umfrage bei Unternehmen im Münsterland. Institut für Prozessmanagement und Digitale Transformation, Fachhochschule Münster.

Fernandez, D., Aman, A., 2018. Impacts of Robotic Process Automation on Global Accounting Services. Asian Journal of Accounting and Governance, 9, S. 123–131.

Flechsig, C., Anslinger, F., Lasch, R., 2022. Robotic Process Automation in purchasing and supply management: A multiple case study on potentials, barriers, and implementation. Journal of Purchasing and Supply Management, 28(1).

Fleischmann, B., 2008. Begriffliche Grundlagen. In: Arnold, D., Isermann, H., Kuhn, A., Tempelmeier, H., Furmans, K. (Hrsg.): Handbuch Logistik, S. 3–12. Springer: Berlin, Heidelberg.

Forrester, 2019. The Impact Of RPA On Employee Experience. A Forrester Consulting Thought Leadership Paper Commissioned By UiPath.

Fung, H. P., 2014. Criteria, Use Cases and Effects of Information Technology Process Automation (ITPA). Advances in Robotics & Automation, 3.

Gartner, o. J. Gartner Glossary: Robotic Process Automation (RPA). URL: https://www.gartner.com/en/information-technology/glossary/robotic-process-automation-rpa. Letzter Zugriff am 27.05.2022.

Gleißner, H., 2015. Distributionslogistik. In: Klaus, P., Krieger, W., Krupp, M. (Hrsg.): Gabler Lexikon Logistik: Management logistischer Netzwerke und Flüsse, S. 125–129. Springer Gabler: Wiesbaden.

Gotthardt, M., Koivulaakso, D., Paksoy, O., Saramo, C., Martikainen, M., Lehner, O., 2020. Current State and Challenges in the Implementation of Smart Robotic Process Automation in Accounting and Auditing. ACRN Journal of Finance and Risk Perspectives, 9, S. 90–102.

Grand View Research, 2022. Robotic Process Automation Market Size, Share & Trends Analysis Report By Type, By Service, By Application, By Deployment, By Organization, By Region, And Segment Forecasts, 2022–2030.

Großmann, G., Kaßmann, M., 2015. Verpackungslogistik. In: Klaus, P., Krieger, W., Krupp, M. (Hrsg.): Gabler Lexikon Logistik: Management logistischer Netzwerke und Flüsse, S. 625–629. Springer Gabler: Wiesbaden.

Hallikainen, P., Bekkhus, R., Pan, S. L., 2018. How OpusCapita Used Internal RPA Capabilities to Offer Services to Clients. MIS Quarterly Executive, 17(1), S. 41–52.

Hartley, L. J., Sawaya, J. W., 2019. Tortoise, not the Hare. Digital Transformation of Supply Chain Business Processes, Business Horizon, 62(6), S. 707–715.

Hausladen, I., 2020. IT-gestützte Logistik: Systeme – Prozesse – Anwendungen. Springer Gabler: Wiesbaden.

Heponiemi, H., 2019. Robotic Process Automation as a Tool for Lean Supply Management Processes. Masterthesis, Technische Universität Lappeenranta.

Herm, L. V., Janiesch, C., Helm, A., Imgrund, F., Fuchs, K., Hofmann, A., Winkelmann, A., 2020. A Consolidated Framework for Implementing Robotic Process Automation Projects. In: Fahland, D., Ghidini, C., Becker, J., Dumas, M. (Hrsg.): Business Process Management, BPM 2020, Lecture Notes in Computer Science, 12168, S. 471–488. Springer: Cham.

Hevner, A. R., March, S. T., Park, J., Ram, S., 2004. Design Science in Information Systems Research. MIS Quarterly 2004(28), S. 75–105.

Himme, A., 2007. Gütekriterien der Messung: Reliabilität, Validität und Generalisierbarkeit. In: Albers, S., Klapper, D., Konradt, U., Walter, A., Wolf, J. (Hrsg.): Methodik der empirischen Forschung, S. 375–390. Gabler: Wiesbaden.

Hofmann, A., Prätori, T., Seubert, F., Wanner, J., Fischer, M., Winkelmann, A., 2021. Process selection for RPA projects: A holistic approach. In: Czarnecki, C., Fettke, P. (Hrsg.): Robotic Process Automation: Management, Technology, Applications, S. 77–90. De Gruyter Oldenbourg: Berlin, Boston.

Ilo, N., 2018. Robotic Process Automation Implementation in Record-to-Report Process. Masterthesis, HAMK Häme University of Applied Sciences.

IRPA AI, o. J. What is Robotic Process Automation? URL: https://irpaai.com/what-is-robotic-process-automation/. Letzter Zugriff am 27.05.2022.

Jalonen, H., 2017. Assessing Robotic Process Automation Potential. Masterthesis, Technische Universität Tampere.

Jiménez-Ramírez, A., 2021. Humans, Processes and Robots: A Journey to Hyperautomation. In: Gonzáles Enríquez, J., Debois, S., Fettke, P., Plebani, P., Van de Weerd, I., Weber, I. (Hrsg.): Business Process Management: Blockchain and Robotic Process Automation Forum. BPM 2021 Blockchain and RPA Forum, S. 3–6. Springer: Cham.

Jiménez-Ramírez, A., Reijers, H. A., Barba, I., Del Valle, C., 2019. A Method to Improve the Early Stages of the Robotic Process Automation Lifecycle. In: Giorgini, P., Weber, B. (Hrsg.): Advanced Information Systems Engineering, CAiSE 2019, Lecture Notes in Computer Science, 11483, S. 446–461. Springer: Cham.

Kanakov, F., Prokhorov, I., 2020. Research and development of software robots for automating business processes of a commercial bank. Postproceedings of the 10th Annual International Conference on Biologically Inspired Cognitive Architectures, S. 337–341.

Kaplan, R. S., Anderson, S. R., 2007. Time-Driven Activity-Based Costing: A Simpler and More Powerful Path to Higher Profits. Harvard Business School Press: Boston.

Kaya, C. T., Turkyilmaz, M., Birol, B., 2019. Impact of RPA Technologies on Accounting Systems. The Journal of Accounting and Finance, 82, S. 235–250.

Kille, C., 2020. Wirtschaftliche und volkswirtschaftliche Bedeutung der Logistik. In: Wehking, K.-H. (Hrsg.): Technisches Handbuch Logistik 1: Fördertechnik, Materialfluss, Intralogistik, S. 125–145. Springer Vieweg: Berlin.

Krakau, J., Feldmann, C., Kaupe, V., 2021. Robotic Process Automation in Logistics: Implementation Model and Factors of Success. In: Jahn, C., Kersten, W., Ringle, C. (Hrsg.): Adapting to the Future: Proceedings of the Hamburg International Conference of Logistics (HICL), S. 219–256.

Knauer, T., Nikiforow, N., Wagener, S., 2020. Bedeutung und Ausgestaltung von Robotic Process Automation (RPA) im Controlling. Controlling, 32(4), S. 68–75.

Koch, C., Fedtke, S., 2020. Robotic Process Automation: Ein Leitfaden für Führungskräfte zur erfolgreichen Einführung und Betrieb von Software-Robots im Unternehmen. Springer Vieweg: Berlin.

Koch, O., Stass, G. W., 2021. Robotic Process Automation mit SAP: Workflows automatisieren mit SAP Intelligent RPA. Rheinwerk: Bonn.

Kokina, J., Blanchette, S., 2019. Early evidence of digital labor in accounting: Innovation with Robotic Process Automation. International Journal of Accounting Information Systems, 35.

Kotter, J. P., 2013. Leading Change: Wie Sie Ihr Unternehmen in acht Schritten erfolgreich verändern. Vahlen: München.

Kyheröinen, T., 2018. Implementation of Robotic Process Automation to a Target Process – a Case Study. Masterthesis, Aalto University.

Lacity, M., Willcocks, L., 2016. A new approach to automating services. MIT Sloan Management Review, Fall.

Lacity, M., Willcocks, L., Craig, A., 2016a. Robotic Process Automation at Telefónica O2. MIS Quarterly Executive, 15(1).

Lacity, M., Willcocks, L., Craig, A., 2016b. Robotizing Global Financial Shared Services at Royal DSM. The Outsourcing Unit Working Research Paper Series (16/02).

Lacurezeanu, R., Tiron-Tudor, A., Bresfelean, V. P., 2020. Robotic Process Automation in Audit and Accounting. Audit Financiar, XVIII, 4(160), S. 752–770.

Langmann, C., Kokina, J., 2021. RPA in accounting. In: Czarnecki, C., Fettke, P. (Hrsg.): Robotic Process Automation: Management, Technology, Applications, S. 243–261. De Gruyter Oldenbourg: Berlin, Boston.

Langmann, C., Turi, D., 2020. Robotic Process Automation (RPA) – Digitalisierung und Automatisierung von Prozessen: Voraussetzungen, Funktionsweise und Implementierung am Beispiel des Controllings und Rechnungswesens. Springer Gabler: Wiesbaden.

Large, R., 2016. Logistikmanagement. De Gruyter Oldenbourg: Berlin, Boston.

Leopold, H., van der Aa, H., Reijers, H. A., 2018. Identifying Candidate Tasks for Robotic Process Automation in Textual Process Descriptions. In: Gulden, J., Reinhartz-Berger, I., Schmidt, R., Guerreiro, S., Guédria, W., Bera, P. (Hrsg.): Enterprise, Business-Process and Information Systems Modeling, BPMDS 2018, EMMSAD 2018, Lecture Notes in Business Information Processing, 318, S. 67–81. Springer: Cham.

Madakam, S., Holmukhe, R. M., Jaiswal, D. K., 2019. The Future Digital Work Force: Robotic Process Automation (RPA). Journal of Information Systems and Technology Management, 16.

Masó, A. J., 2018. Design of a model for assessing accountability in a robotic process automation system. Masterthesis, Technische Universität Delft.

Matthies, B., Feldmann, C., 2020. Wirtschaftlichkeitsbewertung einer Prozessautomatisierung mit RPA zur Unterstützung der Investitionsentscheidung. In: Feldmann, C. (Hrsg.), 2022: Praxishandbuch Robotic Process Automation (RPA): Von der Prozessanalyse bis zum Betrieb, S. 37–60. Springer Gabler: Wiesbaden.

Moffitt, K. C., Rozario, A. M., Vasarhelyi, M. A., 2018. Robotic Process Automation for Auditing. Journal of Emerging Technologies in Accounting, 15(1).

Muchna, C., Brandenburg, H., Fottner, J., Gutermuth, J., 2021. Grundlagen der Logistik: Begriffe, Strukturen und Prozesse. Springer Gabler: Wiesbaden.

Murdoch, R., 2018. Robotic Process Automation: Guide To Building Software Robots, Automate Repetitive Tasks & Become An RPA Consultant.

Myllymäki, J., 2019. Developing Organization's Processes with Robotic Process Automation – A Case Study. Masterthesis, Universität Vaasa.

NTT DATA, 2018. Robotic Process Automation in der Logistik. NTT DATA Deutschland GmbH.

Osman, C.-C., 2019. Robotic Process Automation: Lessons Learned from Case Studies. Informatica Economică, 23(4), S. 66–75.

Parador, 2021a. Living performance – Parador stellt sich vor. Unternehmenspräsentation [internes Dokument].

Parador, 2021b. Digital Transformation Roadmap 2021 Parador [internes Dokument].

Parador, o. J.a. Für das schönste Zuhause der Welt. Homepage. URL: https://parador.de/story/living-performance. Letzter Zugriff am 27.05.2022.

Parador, o. J.b. Systemarchitektur [internes Dokument].

Parador, o. J.c. Parador/PPW Systemlandschaft [internes Dokument].

Parador, o. J.d. Organigramm SCM [internes Dokument].

Peffers, K., Tuunanen, T., Rothenberger, M. A. and Chatterjee, S., 2007. A design science research methodology for information systems research. Journal of management information systems, 24(3), S. 45–77.

Penttinen, E., Kasslin, H., Asatiani, A., 2018. How to Choose Between Robotic Process Automation and Back-End System Automation? Proceedings of the 26th European Conference on Information Systems.

Pfeiffer, P., Fettke, P., 2021. Applications of RPA in manufacturing. In: Czarnecki, C., Fettke, P. (Hrsg.): Robotic Process Automation: Management, Technology, Applications, S. 315–346. De Gruyter Oldenbourg: Berlin, Boston.

Pfohl, H.-C., 2018. Logistiksysteme: Betriebswirtschaftliche Grundlagen. Springer Vieweg: Berlin.

Plattfaut, R., Koch, J. F., Trampler, M., Coners, A., 2020. PEPA: Entwicklung eines Scoring-Modells zur Priorisierung von Prozessen für eine Automatisierung. HMD Praxis der Wirtschaftsinformatik, 57, S. 1111–1129.

Radke, A. M., Dang, M. T., Tan, A., 2020. Using Robotic Process Automation (RPA) to Enhance Item Master Data Maintenance Process. Scientific Journal of Logistics, 16(1), S. 129–140.

Rautenburger, L., Liebl, A., 2021. Process Mining. In: Liermann, V., Stegmann, C. (Hrsg.): The Digital Journey of Banking and Insurance, Volume II: Digitalization and Machine Learning, S. 259–275. Springer: Cham.

Reder, B., 2021. Studie Robotic Process Automation 2021. IDG, blueprism, UiPath.

Ribeiro, J., Lima, R., Eckhardt, T., Paiva, S., 2021. Robotic Process Automation and Artificial Intelligence in Industry 4.0 – A Literature review. Procedia Computer Science, 181, S. 51–58.

Rutschi, C., Dibbern, J., 2020a. Towards a Framework of Implementing Software Robots: Transforming Human-executed Routines into Machines. The DATA BASE for Advances in Information Systems, 51(1), S. 104–128.

Rutschi, C., Dibbern, J., 2020b. Towards an Understanding of Scaling the Software Robot Implementation. In: Hirschheim, R., Heinzl, A., Dibbern, J. (Hrsg.): Information Systems Outsourcing: The Era of Digital Transformation, S. 453–466. Springer: Berlin, Heidelberg.

Santos, F., Pereira, R., Vasconcelos, J. B., 2020. Toward robotic process automation implementation: an end-to-end perspective. Business Process Management Journal, 26(2), S. 405–420.

Scheer, A.-W., 2018. Unternehmung 4.0: Vom disruptiven Geschäftsmodell zur Automatisierung der Geschäftsprozesse. Springer Vieweg: Wiesbaden.

Schmitz, M., Dietze, C., Czarnecki, C., 2019. Enabling Digital Transformation Through Robotic Process Automation at Deutsche Telekom. In: Urbach, N., Röglinger, M. (Hrsg.): Digitalization Cases: How Organizations Rethink Their Business for the Digital Age, S. 15–33. Springer: Cham.

Seasongood, S., 2016. Not just for the Assembly Line: A Case for Robotics in Accounting and Finance. Financial Executive 32(1), S. 31–39.

Séguin, S., Tremblay, H., Benkalai, I., Perron-Chouinard, D.-E., Lebeuf, X., 2021. Minimizing the number of robots required for a Robotic Process Automation (RPA) problem. Procedia Computer Science, 192, S. 2689–2698.

Siderska, J., 2021. The Adoption of Robotic Process Automation Technology to Ensure Business Processes during the COVID-19 Pandemic. Sustainability, 13, 8020.

Sigurðardóttir, G. L., 2018. Robotic Process Automation: Dynamic Roadmap for Successful Implementation. Masterthesis, Universität Reykjavík.

Šimek, D., Šperka, R., 2019. How Robot/human Orchestration Can Help in an HR Department: A Case Study From a Pilot Implementation. Organizacija 52(3), S. 204–217.

Smeets, M., Erhard, R., Kaußler, T., 2019. Robotic Process Automation (RPA) in der Finanzwirtschaft: Technologie – Implementierung – Erfolgsfaktoren für Entscheider und Anwender. Springer Gabler: Wiesbaden.

Smeets, M., Ostendorf, R. J., Rötzel, P. G., 2021. RPA for the financial industry: Particular challenges and outstanding suitability combined. In: Czarnecki, C., Fettke, P. (Hrsg.): Robotic Process Automation: Management, Technology, Applications, S. 263–284. De Gruyter Oldenbourg: Berlin, Boston.

Sobczak, A., 2022. Robotic Process Automation as a Digital Transformation Tool for Increasing Organizational Resilience in Polish Enterprises. Sustainability, 14, 1333.

Stravinskiene, I., Serafinas, D., 2021. Process Management and Robotic Process Automation: The Insights from Systematic Literature Review. Management of Organizations: Systematic Research, Sciendo, 85(1), S. 87–106.

Syed, R., Suriadi, S., Adams, M., Bandara, W., Leemans, S. J. J., Ouyang, C., ter Hofstede, A. H. M., van de Weerd, I., Wynn, M. T., Reijers, H. A., 2020. Robotic Process Automation: Contemporary themes and challenges. Computers in Industry, 115.

Taulli, T., 2020. The Robotic Process Automation Handbook: A Guide to Implementing RPA Systems. Apress, Berkeley, CA, USA.

UiPath, 2022. Digitalen Wandel gestalten mit UiPath und SAP S/4HANA.

UiPath, o. J. UiPath Marketplace: Discover robust RPA listings that extend the UiPath Platform. URL: https://marketplace.uipath.com/. Letzter Zugriff am 27.05.2022.

Vahrenkamp, R., Kotzab, H., 2012. Logistik: Management und Strategien. Oldenbourg: München.

Van der Aalst, W. M. P., 2021. Process mining and RPA: How to pick your automation battles? In: Czarnecki, C., Fettke, P. (Hrsg.): Robotic Process Automation: Management, Technology, Applications, S. 223–239. De Gruyter Oldenbourg: Berlin, Boston.

Vom Brocke, J., Simons, A., Niehaves, B., Niehaves, B., Reimer, K., Plattfaut, R. and Cleven, A., 2009. Reconstructing the giant: on the importance of rigour in documenting the literature search process. ECIS 2009 Proceedings.

Wanner, J., Hofmann, A., Fischer, M., Imgrund, F., Janiesch, C., Geyer-Klingeberg, J., 2019. Process Selection in RPA Projects – Towards a Quantifiable Method of Decision Making. Proceedings of the 40th International Conference on Information Systems.

Wehking, K.-H., 2020. Aufbau logistischer Systeme. In: Wehking, K.-H. (Hrsg.): Technisches Handbuch Logistik 1: Fördertechnik, Materialfluss, Intralogistik, S. 35–114. Springer Vieweg: Berlin.

Weske, M., van der Aalst, W. M. P., Verbeek, H. M. W., 2004. Advances in business process management. Data & Knowledge Engineering, 50, S. 1–8.

Wewerka, J., Dax, S., Reichert, M., 2020. A User Acceptance Model for Robotic Process Automation. Proceedings of the 24th International Enterprise Distributed Object Computing Conference, S. 97–106.

Wibbenmeyer, K., 2018. The Simple Implementation Guide to Robotic Process Automation (RPA): How to Best Implement RPA in an Organization. iUniverse: Bloomington.

Willcocks, L., Hindle, J., Lacity, M., 2019. Becoming Strategic with Robotic Process Automation. SB Publishing: Stratford-upon-Avon.

Willcocks, L., Lacity, M., Craig, A., 2015a. Robotic Process Automation at Xchanging. The Outsourcing Unit Working Research Paper Series (15/03).

Willcocks, L., Lacity, M., Craig, A., 2015b. The IT Function and Robotic Process Automation. The Outsourcing Unit Working Research Paper Series (15/05).

Zaharia-Radulesu, A.-M., Pricop, C. L., Shuleski, D., Ioan, A. C., 2017. RPA and the Future of Workforce. Proceedings of the 11th International Management Conference, S. 384–392.

Stichwortverzeichnis

A
Anforderung an die Software 31
Ansatzpunkt für weitere Forschung 66
Attended Bot 6
Ausfuhranmeldung 50
Automation Anywhere 50
Automatisierung 15

B
Benutzerakzeptanztest 36
Betriebsmodell 37
   dezentrales 38
   hybrides 38
   zentrales 38
BPMN-Dokumentation 48
BPMS (Business Process Management Systems) 7
Business-Continuity 43
Business Process Management Systems (BPMS) 7

C
Center of Excellence (CoE) 40
Chance 9
Compliance 9
Computer Vision (CV) 8

D
Definition 5
Design Science Research Process (DSRP) 2, 15, 61
DSRP (Design Science Research Process) 2, 16

E
Einsparung von Kosten 9
Entwicklung 34
Entwicklungsumgebung 7
Erfolgsfaktor 55

Stichwortverzeichnis

F
Funktionstest 36

G
Gesamtkosten 30
Grundsätze ordnungsmäßiger Modellierung (GoM) 20, 62

H
Hyperautomation 8

I
Intelligent Process Automation (IPA) 8
Intelligente BPMS (iBPMS) 8

K
Kennzahl 30
Kompetenzzentrum 40
Kundenzufriedenheit 9
Künstliche Intelligenz (KI) 8

L
Logistik 11
Low-Code 34

M
Machine Learning (ML) 8
Marktvolumen 1
Minimalkriterium 26
Minimum Viable Product (MVP) 34
Mitarbeiterzufriedenheit 9

N
Natural Language Processing (NLP) 8
Nutzeffekt, quantitativer 29
Nutzwertanalyse 26

O
Open-Source 10
Organisationsperspektive
   horizontale 13
   vertikale 13

P
Pilotvalidierung 35
Planung der Projektphasen 24
Process Definition Document (PDD) 33
Pro-Code 34
Projektrisiko 25
Projekt-Scope 24
Prozess, digitalisierter 15
Prozessauswahl 26
Prozessdokumentation 33
Prozessdurchlaufzeit 9
Prozessqualität 9

R
Risiko 10, 48
RoI 9
Rolle 24
RPA-Pipeline 42

S
SDD (Solution Design Document) 35
Skalierung 37
Skalierungsphase 42
Softwareanbieter 31
Solution Design Document (SDD) 35
Sonderkriterium 28
Steuerungsumgebung 7
Subsystem
   der Logistik 13
   verrichtungsspezifisches 14
Supply Chain Management (SCM) 12
Support-Aufgabe 43

Stichwortverzeichnis

U
Überwachung 43
Unattended Bot 7

V
Validierung, wirtschaftliche 36
Vorgehensmodell 23

W
Wirtschaftlichkeit 29
Wirtschaftlichkeitsberechnung 50

Z
Ziel 24
Zusatzkriterium 28

The manufacturer's authorised representative in the EU is Springer Nature Customer Service Centre GmbH, Europaplatz 3, 69115 Heidelberg, Germany. If you have any concerns regarding our products, please contact ProductSafety@springernature.com

Printed and bound by CPI Group (UK) Ltd, Croydon, CR0 4YY
25/03/2026
02078185-0002